中华人民共和国
民法典婚姻家庭编继承编

问答普及版

中国法治出版社

编 辑 说 明

婚姻家庭制度是规范夫妻关系和家庭关系的基本准则。《中华人民共和国民法典》婚姻家庭编共 5 章、79 条，以原婚姻法、收养法为基础，在坚持婚姻自由、一夫一妻等基本原则的前提下，结合社会发展需要，修改完善了部分规定，并增加了新的规定。继承制度是关于自然人死亡后财产传承的基本制度。继承编共 4 章、45 条，在原继承法的基础上，修改完善了继承制度，以满足人民群众处理遗产的现实需要。为了普及婚姻家庭和继承方面的知识，帮助广大人民群众学习《中华人民共和国民法典》婚姻家庭编和继承编，我们特编写了本书。

本书主要包含以下内容：

1. **《中华人民共和国民法典》婚姻家庭编和继承编条文、条旨**。条文内容采用双色印刷，以提升读者阅读体验，并且每条均有精练的条旨，可以帮助读者快速了解、检索法条内容。

2. **普法问答**。本书精选了一些与《中华人民共和国民法典》婚姻家庭编和继承编条文相关联的知识点并加工成问答形式，旨在帮助读者更好地学习理解法律条文。

3. **关联规定**。本书在法条下方标注相关联的法律、法规名称及条文序号，方便读者查找关联内容，进一步学习相关的法律、法规规定。

4. **典型案例**。本书收录了一些与婚姻家庭和继承相关的典型案例，帮助广大读者通过案例进一步了解法律的核心要义。

目 录

中华人民共和国民法典（节录） ·············· 1
（2020 年 5 月 28 日）
第五编　婚 姻 家 庭 ························· 1
　第一章　一 般 规 定 ························ 1
　　第一千零四十条　【婚姻家庭编的调整范围】······ 1
　　第一千零四十一条　【婚姻家庭关系基本原则】····· 1
　　　如何促进婚姻家庭关系健康发展？ ············ 2
　　第一千零四十二条　【禁止的婚姻家庭行为】······ 2
　　　1. 当事人请求返还按照习俗给付的彩礼的，人民法院
　　　　应当予以支持的情形有哪些？ ·············· 3
　　　2. 什么情况下给付的财物，不属于彩礼？ ········ 3
　　　3. 有配偶而重婚的，会受到什么刑事处罚？ ······ 3
　　　4. 什么是家庭暴力？ ······················· 4
　　　5. 什么情形下可以申请人身安全保护令？ ········ 4
　　　6. 实施家庭暴力会受到什么处罚？ ············ 4
　　第一千零四十三条　【婚姻家庭道德规范】········ 5
　　　1. 如何用良好家教家风涵育道德品行？ ·········· 5
　　　2. 家庭美德包括哪些内容？ ·················· 6
　　第一千零四十四条　【收养的原则】············· 6

· 1 ·

1. 如何加强孤儿和事实无人抚养儿童保障? ………… 7
　　2. 拐卖儿童的，会受到什么刑事处罚? ………………… 7
　　3. 收买被拐卖的儿童的，会受到什么刑事处罚? …… 8

第一千零四十五条　【亲属、近亲属与家庭成员】…… 8

第二章　结　婚 ……………………………………………… 10

第一千零四十六条　【结婚自愿】………………………… 10
　　1. 婚姻登记机关及其工作人员在婚姻登记工作中发现
　　　疑似被拐卖、绑架的妇女的，应当如何处理? ……… 10
　　2. 未成年人的父母可以为未成年人订立婚约吗? …… 10
　　3. 以暴力干涉他人婚姻自由的，可能会受到什么刑事
　　　处罚? ………………………………………………… 10

第一千零四十七条　【法定婚龄】………………………… 11

第一千零四十八条　【禁止结婚的情形】………………… 11
　　申请结婚登记的当事人有什么情形时，婚姻登记机关
　　不予登记? …………………………………………… 12

第一千零四十九条　【结婚程序】………………………… 12
　　1. 申请结婚登记的内地居民应当出具哪些证件和书面
　　　材料? ………………………………………………… 12
　　2. 申请结婚登记的我国香港居民、澳门居民、台湾居
　　　民应当出具哪些证件和书面材料? ………………… 13
　　3. 申请结婚登记的华侨应当出具哪些证件和书面材料? …… 13
　　4. 申请结婚登记的外国人应当出具哪些证件和书面材料? …… 13
　　5. 颁发结婚证的步骤是什么? ………………………… 14
　　6. 未依据法律规定办理结婚登记而以夫妻名义共同生
　　　活的男女，提起诉讼要求离婚的，如何处理? ……… 15

第一千零五十条　【男女双方互为家庭成员】 …………15
第一千零五十一条　【婚姻无效的情形】 ……………16
　　1. 哪些人可以提起确认婚姻无效的诉讼? ……………16
　　2. 法院受理确认婚姻无效的案件后，原告可否申请撤诉? ……16
　　3. 可以以结婚登记程序存在瑕疵为由提起民事诉讼，
　　　主张撤销结婚登记吗? ………………………………17
第一千零五十二条　【受胁迫婚姻的撤销】 ……………17
　　什么是《民法典》第一千零五十二条所称的"胁迫"? ………18
第一千零五十三条　【隐瞒重大疾病的可撤销婚姻】 ……18
　　1. 婚前医学检查包括对哪些疾病的检查? ………………19
　　2. 婚前医学检查中发现患有严重遗传性疾病、指定传
　　　染病、有关精神病的，应如何处理? …………………19
第一千零五十四条　【婚姻无效或被撤销的法律后果】 …20

第三章　家庭关系 …………………………………21
第一节　夫妻关系 …………………………………21
第一千零五十五条　【夫妻平等】 ……………………21
第一千零五十六条　【夫妻姓名权】 …………………21
第一千零五十七条　【夫妻人身自由权】 ……………21
第一千零五十八条　【夫妻抚养、教育和保护子女的
　　　　　　　　　　权利义务平等】 ……………22
　　未成年人的父母实施家庭教育，应当合理运用哪些方
　　式方法? ……………………………………………22
第一千零五十九条　【夫妻扶养义务】 ………………23
　　对于没有独立生活能力的人，负有扶养义务而拒绝扶
　　养的，可能会受到什么刑事处罚? ……………………23
第一千零六十条　【夫妻日常家事代理权】 ……………24

夫妻一方擅自出卖共有房屋，另一方可以追回吗？ …… 24

第一千零六十一条 【夫妻遗产继承权】 …… 24

第一千零六十二条 【夫妻共同财产】 …… 25

　1. 什么是"知识产权的收益"？ …… 25

　2. 哪些财产属于"其他应当归共同所有的财产"？ …… 25

　3. 夫妻一方个人财产在婚后产生的收益，应当认定为夫妻共同财产吗？ …… 26

　4. 婚前、婚后父母为双方购置房屋出资的，该出资如何认定？ …… 26

第一千零六十三条 【夫妻个人财产】 …… 27

　1. 军人的伤亡保险金、伤残补助金属于夫妻共同财产吗？ …… 27

　2. 个人财产因婚姻关系的延续可以转化为夫妻共同财产吗？ …… 27

第一千零六十四条 【夫妻共同债务】 …… 28

　1. 债权人可以就夫妻一方婚前的个人债务向其配偶主张权利吗？ …… 28

　2. 赌债是否属于夫妻共同债务？ …… 29

第一千零六十五条 【夫妻约定财产制】 …… 29

第一千零六十六条 【婚内分割夫妻共同财产】 …… 30

　用夫妻共同财产打赏主播，会被认定为"挥霍"吗？ …… 30

第二节　父母子女关系和其他近亲属关系 …… 31

第一千零六十七条 【父母与子女间的抚养赡养义务】 …… 31

　1. 因丧失劳动能力而无法维持正常生活的成年子女，可以认定为"不能独立生活的成年子女"吗？ …… 31

　2. 抚养费包括哪些费用？ …… 32

第一千零六十八条　【父母教育、保护未成年子女的权利和义务】 …………………………………… 32
  1. 家庭教育应当符合哪些要求？ ……………………… 32
  2. 家庭教育应当包括哪些方面的内容？ ……………… 33

第一千零六十九条　【子女尊重父母的婚姻权利及赡养义务】 ………………………………………… 34
  干涉老年人婚姻自由，可能会承担哪些法律责任？ …… 34

第一千零七十条　【遗产继承权】 ……………………… 35
第一千零七十一条　【非婚生子女权利】 ……………… 35
第一千零七十二条　【继父母子女之间权利义务】 …… 35
  1. 认定继子女受继父或者继母抚养教育的事实，应当考虑哪些因素？ ……………………………………… 35
  2. 继父母子女关系解除后，继父或者继母还能够请求继子女给付生活费吗？ ……………………………… 36

第一千零七十三条　【亲子关系异议之诉】 …………… 36
  1. 一方当事人已提供必要证据，另一方当事人没有相反证据又拒绝做亲子鉴定的，法院如何处理？ ……… 37
  2. 民事证据包括哪些种类？ …………………………… 37

第一千零七十四条　【祖孙之间的抚养、赡养义务】 … 38
  法定义务人无履行义务能力的认定标准是什么？ ……… 38

第一千零七十五条　【兄弟姐妹间扶养义务】 ………… 39
  追索扶养费，法院可以裁定先予执行吗？ ……………… 39

第四章　离　婚 …………………………………………… 41

第一千零七十六条　【协议离婚】 ……………………… 41
  离婚登记的程序是什么？ ………………………………… 41

第一千零七十七条　【离婚冷静期】 …………………… 44

· 5 ·

第一千零七十八条 【婚姻登记机关对协议离婚的查明】················· 44
　1. 申请离婚登记的当事人有什么情形时，婚姻登记机关不予受理？················· 44
　2. 颁发离婚证的步骤是什么？················· 45
　3. 结婚证、离婚证可以申请补领吗？················· 45

第一千零七十九条 【诉讼离婚】················· 46
　1. 无民事行为能力人的监护人可以代其提起离婚诉讼吗？················· 46
　2. 夫妻一方下落不明，另一方可以起诉离婚吗？················· 47
　3. 离婚案件，可以申请不公开审理吗？················· 47

第一千零八十条 【婚姻关系的解除时间】················· 48
　1. 法院判决不准离婚，多长时间后可以再起诉？················· 48
　2. 解除婚姻关系的判决、调解书生效后，还能申请再审吗？················· 48

第一千零八十一条 【现役军人离婚】················· 49
　1. 明知是现役军人的配偶而与之同居或者结婚的，会受到什么刑事处罚？················· 49
　2. 如何判断"军人一方有重大过错"？················· 50

第一千零八十二条 【男方提出离婚的限制情形】················· 50
第一千零八十三条 【复婚】················· 50
第一千零八十四条 【离婚后子女的抚养】················· 51
　1. 什么情况下，法院会支持由父亲直接抚养子女？················· 51
　2. 什么情况下，法院会优先考虑将子女判决给一方抚养？················· 52

3. 什么情况下，法院会支持父母一方要求变更子女抚养关系？ ………………………………………… 53

第一千零八十五条　【离婚后子女抚养费的负担】 ……… 54

1. 抚养费的数额如何确定？ ………………………… 54
2. 抚养费的给付期限是多久？ ……………………… 54
3. 离婚后是否还可以增加抚养费？ ………………… 55
4. 离婚后能否单方变更子女姓名？ ………………… 55
5. 可以因子女变更姓氏而拒付子女抚养费吗？ …… 55

第一千零八十六条　【探望子女权利】 ……………………… 56

1. 谁有权向人民法院提出中止探望的请求？ ……… 56
2. 拒不协助另一方行使探望权的，如何处理？ …… 56

第一千零八十七条　【离婚时夫妻共同财产的处理】 ……… 57

1. 离婚时，军人名下的复员费、自主择业费等一次性费用如何分割？ ……………………………… 57
2. 离婚时，股票等有价证券以及未上市股份有限公司股份如何分割？ ……………………………… 58
3. 离婚时，以一方名义在有限责任公司的出资额如何分割？ ………………………………………… 58
4. 离婚时，合伙企业中夫妻共同财产份额如何分割？ …… 59
5. 离婚时，个人独资企业中夫妻共同财产如何分割？ …… 59
6. 离婚时，双方对房屋的价值及归属无法达成一致，法院会如何处理？ ……………………………… 60
7. 夫妻一方婚前支付首付款购买房屋并登记在自己名下，婚后用夫妻共同财产还贷，离婚时如何处分该房屋？ ……………………………………………… 60

· 7 ·

  8. 双方均无配偶的同居关系析产纠纷案件中，对同居期间所得的财产如何处理？ ················ 61

  9. 夫妻购置房屋时父母出资，离婚时如何分割？ ·········· 61

第一千零八十八条　【离婚经济补偿】 ·············· 62

  确定离婚经济补偿数额，需要考虑哪些因素？ ········· 62

第一千零八十九条　【离婚时夫妻共同债务的清偿】 ··· 63

第一千零九十条　【离婚经济帮助】 ················ 63

第一千零九十一条　【离婚损害赔偿】 ·············· 64

  1. 精神损害的赔偿数额如何确定？ ·················· 64

  2. 离婚损害赔偿诉讼的提起时间有什么要求？ ········· 65

  3. 办理离婚登记手续后，还能提起损害赔偿诉讼吗？ ··· 66

第一千零九十二条　【一方侵害夫妻财产的处理规则】 ··· 66

  请求再次分割夫妻共同财产的诉讼时效期间是多少？ ··· 66

第五章　收　养 ···································· 68

第一节　收养关系的成立 ························· 68

第一千零九十三条　【被收养人的条件】 ············ 68

第一千零九十四条　【送养人的条件】 ·············· 68

  送养人应当向收养登记机关提交哪些证件和证明材料？ ··· 68

第一千零九十五条　【监护人送养未成年人的情形】 ··· 69

第一千零九十六条　【监护人送养孤儿的限制及变更监护人】 ···································· 70

第一千零九十七条　【生父母送养子女的原则要求与例外】 ···································· 70

第一千零九十八条　【收养人条件】 ················ 70

  收养人应当向收养登记机关提交哪些材料？ ·········· 71

第一千零九十九条　【三代以内旁系同辈血亲的收养】 ··· 72

· 8 ·

第一千一百条 【收养人收养子女数量】 …………… 72
第一千一百零一条 【共同收养】 ………………… 72
 夫妻一方因故不能亲自前往收养登记机关办理登记手续的，应当如何处理？ ……………………………… 73
第一千一百零二条 【无配偶者收养异性子女的限制】 … 73
第一千一百零三条 【收养继子女的特别规定】 …… 73
第一千一百零四条 【收养自愿原则】 ……………… 74
第一千一百零五条 【收养登记、收养协议、收养公
       证及收养评估】 ………………… 74
 1. 收养登记机关收到收养登记申请书及有关材料后，如何处理？ ……………………………………… 74
 2. 收养评估内容包括哪些方面？ ………………… 75
 3. 收养评估的流程是什么？ ……………………… 75
 4. 收养评估期间，收养评估小组或者受委托的第三方机构发现收养申请人及其共同生活家庭成员有哪些情形时，应当向民政部门报告？ ……………… 76
第一千一百零六条 【收养后的户口登记】 ………… 77
第一千一百零七条 【亲属、朋友的抚养】 ………… 78
第一千一百零八条 【祖父母、外祖父母优先抚养权】 … 78
第一千一百零九条 【涉外收养】 ………………… 78
 1. 外国人在华收养子女，应当提交哪些文件？ ……… 79
 2. 送养人应当向民政部门提交哪些证明材料？ ……… 80
 3. 夫妻一方因故不能亲自来华办理收养手续的，应当如何处理？ …………………………………… 81
 4. 收养关系当事人办理收养登记时，应当分别提供哪些材料？ ……………………………………… 81

· 9 ·

第一千一百一十条　【保守收养秘密】 ……………… 82
　第二节　收养的效力 …………………………………… 82
　　第一千一百一十一条　【收养的效力】 …………… 82
　　第一千一百一十二条　【养子女的姓氏】 ………… 82
　　　什么情况下，可以选取父母之外的姓氏？ ……… 83
　　第一千一百一十三条　【收养行为的无效】 ……… 83
　第三节　收养关系的解除 ……………………………… 84
　　第一千一百一十四条　【收养关系的协议解除与诉讼
　　　　　　　　　　　　　解除】 ……………………… 84
　　第一千一百一十五条　【养父母与成年养子女解除收
　　　　　　　　　　　　　养关系】 …………………… 84
　　第一千一百一十六条　【解除收养关系的登记】 … 84
　　　办理解除收养关系登记的程序是什么？ ………… 85
　　第一千一百一十七条　【收养关系解除的法律后果】 …… 85
　　第一千一百一十八条　【收养关系解除后生活费、抚
　　　　　　　　　　　　　养费支付】 ………………… 86

第六编　继　　承 ………………………………………… 87
　第一章　一般规定 ……………………………………… 87
　　第一千一百一十九条　【继承编的调整范围】 …… 87
　　第一千一百二十条　【继承权的保护】 …………… 87
　　第一千一百二十一条　【继承的开始时间和死亡时间
　　　　　　　　　　　　　的推定】 …………………… 87
　　第一千一百二十二条　【遗产的范围】 …………… 88
　　　1. 承包人死亡时尚未取得的承包收益可以继承吗？ …… 88
　　　2. 被保险人的保险金可以继承吗？ ……………… 88
　　　3. 林地家庭承包经营权可以继承吗？ …………… 89

  4. 土地经营权可以继承吗? ……………………………… 89

  5. 职工死亡的,职工的继承人可以提取职工住房公积
   金账户内的存储余额吗? ……………………………… 89

第一千一百二十三条　【法定继承、遗嘱继承、遗赠
        和遗赠扶养协议的效力】……… 90

  被继承人生前既订有遗赠扶养协议又立有遗嘱的,如
   何处理? ………………………………………………… 90

第一千一百二十四条　【继承和遗赠的接受和放弃】…… 91

  继承人放弃继承后,还能反悔吗? …………………… 91

第一千一百二十五条　【继承权的丧失】……………… 92

  1. 继承人是否符合《民法典》规定的"虐待被继承
   人情节严重",应当从哪些方面认定? ……………… 92

  2. 继承人故意杀害被继承人未遂,其继承权会丧失吗?…… 93

第二章　法定继承 …………………………………………… 94

第一千一百二十六条　【继承权男女平等原则】………… 94

第一千一百二十七条　【继承人的范围及继承顺序】…… 94

  1. 继子女继承了继父母遗产的,会影响其继承生父母
   的遗产吗? ……………………………………………… 95

  2. 养兄弟姐妹之间可以互为第二顺序继承人吗? ……… 95

第一千一百二十八条　【代位继承】……………………… 95

  1. 外孙子女、外曾孙子女可以代位继承吗? …………… 96

  2. 继承人丧失继承权的,其晚辈直系血亲能够代位继承吗?… 96

第一千一百二十九条　【丧偶儿媳、女婿的继承权】…… 97

  丧偶儿媳再婚后,还能继承原公婆的遗产吗,其子女
   能代位继承吗? ………………………………………… 97

第一千一百三十条　【遗产分配规则】………… 97

1. 如何认定"尽了主要赡养义务或主要扶养义务"? …… 98
2. 被继承人因有固定收入和劳动能力, 明确表示不要求继承人扶养的, 会影响继承人的继承份额吗? …… 98

第一千一百三十一条　【酌情分得遗产权】………… 99
第一千一百三十二条　【继承的处理方式】………… 99
1. 人民调解委员会调解民间纠纷, 应当遵循哪些原则? …… 99
2. 调解协议书可以载明哪些事项? ………… 100

第三章　遗嘱继承和遗赠 …… 101

第一千一百三十三条　【遗嘱处分个人财产】………… 101
第一千一百三十四条　【自书遗嘱】………… 101
　　遗书中的内容可按自书遗嘱对待的条件包括哪些? …… 102
第一千一百三十五条　【代书遗嘱】………… 102
第一千一百三十六条　【打印遗嘱】………… 102
第一千一百三十七条　【录音录像遗嘱】………… 103
第一千一百三十八条　【口头遗嘱】………… 103
第一千一百三十九条　【公证遗嘱】………… 103
1. 可以委托他人代理申办遗嘱公证吗? ………… 103
2. 申办遗嘱公证, 遗嘱人应当提交哪些证件和材料? …… 104
3. 遗嘱应当包括哪些内容? ………… 104
4. 什么情况下, 公证人员与遗嘱人谈话时应当录音或者录像? ………… 105

第一千一百四十条　【作为遗嘱见证人的消极条件】… 105
　　继承人、受遗赠人的债权人、债务人可以作为遗嘱的见证人吗? ………… 105
第一千一百四十一条　【必留份】………… 106
第一千一百四十二条　【遗嘱的撤回与变更】………… 106

第一千一百四十三条　【遗嘱无效的情形】 …………… 107
第一千一百四十四条　【附义务的遗嘱继承或遗赠】 …… 107

第四章　遗产的处理 ………………………………… 108
　第一千一百四十五条　【遗产管理人的选任】 …………… 108
　第一千一百四十六条　【法院指定遗产管理人】 ………… 108
　第一千一百四十七条　【遗产管理人的职责】 …………… 108
　第一千一百四十八条　【遗产管理人的责任】 …………… 109
　第一千一百四十九条　【遗产管理人的报酬】 …………… 109
　第一千一百五十条　　【继承开始的通知】 ……………… 109
　第一千一百五十一条　【遗产的保管】 …………………… 110
　第一千一百五十二条　【转继承】 ………………………… 110
　第一千一百五十三条　【遗产的确定】 …………………… 110
　　什么情况下，合伙企业应当向合伙人的继承人退还被
　　继承合伙人的财产份额？ ……………………………… 111
　第一千一百五十四条　【按法定继承办理】 ……………… 112
　第一千一百五十五条　【胎儿预留份】 …………………… 112
　第一千一百五十六条　【遗产分割】 ……………………… 112
　第一千一百五十七条　【再婚时对所继承遗产的处分】 … 113
　第一千一百五十八条　【遗赠扶养协议】 ………………… 113
　　遗赠扶养协议解除后，已支付的供养费用能否退还？ … 113
　第一千一百五十九条　【遗产分割时的义务】 …………… 114
　第一千一百六十条　　【无人继承的遗产的处理】 ……… 114
　第一千一百六十一条　【限定继承】 ……………………… 114
　第一千一百六十二条　【遗赠与遗产债务清偿】 ………… 115
　第一千一百六十三条　【既有法定继承又有遗嘱继
　　　　　　　　　　　　承、遗赠时的债务清偿】 ……… 115

· 13 ·

附：
相关规定

婚姻登记条例 ………………………………………… 116
  （2025年4月6日）
最高人民法院关于审理涉彩礼纠纷案件适用法律
 若干问题的规定 ………………………………… 123
  （2024年1月17日）
最高人民法院关于适用《中华人民共和国民法典》
 婚姻家庭编的解释（一） ………………………… 125
  （2020年12月29日）
最高人民法院关于适用《中华人民共和国民法典》
 婚姻家庭编的解释（二） ………………………… 141
  （2025年1月15日）
最高人民法院关于适用《中华人民共和国民法典》
 继承编的解释（一） ……………………………… 148
  （2020年12月29日）

典型案例

一、林某诉张某撤销婚姻纠纷案 ……………………… 154
二、马某臣、段某娥诉于某艳探望权纠纷案 ………… 155
三、曾某泉、曾某军、曾某、李某军与孙某学婚姻家
 庭纠纷案 …………………………………………… 157
四、一方在结婚后将其婚前房产为另一方"加名"，
 离婚分割夫妻共同财产时，人民法院可以判决房
 屋归给予方所有，并综合考虑共同生活情况等因
 素合理补偿对方
  ——崔某某与陈某某离婚纠纷案 ……………… 160

五、婚姻关系存续期间，一方父母将其房产转移登记至夫妻双方名下，离婚分割夫妻共同财产时，人民法院可以判决房屋归出资方子女所有，并综合考虑婚姻关系存续时间、共同生活情况等因素合理补偿对方
　　——范某某与许某某离婚纠纷案……………… 162

六、父母一方或者其近亲属等抢夺、藏匿未成年子女，另一方向人民法院申请人格权侵害禁令的，人民法院应予支持
　　——颜某某申请人格权侵害禁令案…………… 164

七、夫妻一方在婚姻关系存续期间违反忠实义务将夫妻共同财产赠与第三人的行为无效，另一方请求第三人全部返还的，人民法院应予支持
　　——崔某某与叶某某及高某某赠与合同纠纷案……… 166

八、已办理结婚登记但共同生活时间较短，离婚时应当根据共同生活时间、孕育子女等事实对数额过高的彩礼酌情返还
　　——王某某与李某某离婚纠纷案……………… 167

九、男女双方举行结婚仪式后共同生活较长时间且已育有子女，一般不支持返还彩礼
　　——张某与赵某婚约财产纠纷案……………… 169

十、已办理结婚登记，仅有短暂同居经历尚未形成稳定共同生活的，应扣除共同消费等费用后返还部分彩礼
　　——刘某与朱某婚约财产纠纷案……………… 171

· 15 ·

十一、婚约财产纠纷中,接受彩礼的婚约方父母可作为共同被告
——张某某与赵某某、赵某、王某婚约财产纠纷案……………………………………………… 173

十二、短期内多次"闪婚"并收取高额彩礼,可以认定以彩礼为名借婚姻索取财物
——赵某诉孙某离婚纠纷案…………………… 175

十三、一方基于索取财物目的与另一方建立恋爱关系、作出结婚承诺,可以认定为借婚姻索取财物
——王某诉李某婚约财产纠纷案……………… 176

十四、婚介机构以保证"闪婚"为名收取高额服务费,应结合合同履行情况返还部分费用
——林某诉某婚介公司服务合同纠纷案……… 178

十五、因彩礼给付方隐瞒自身重大疾病导致未办理结婚登记的,应考虑其过错情况对彩礼返还数额予以酌减
——吴某诉刘某婚约财产纠纷案……………… 180

十六、苏某甲诉李某田等法定继承纠纷案……………… 181

十七、欧某士申请指定遗产管理人案…………………… 183

十八、刘某起与刘某海、刘某霞、刘某华遗嘱继承纠纷案……………………………………………………… 185

十九、坚持和发展新时代"枫桥经验",实现案结事了人和
——王某诉赵某等法定继承纠纷案…………… 187

二十、被继承人没有第一顺序继承人,且兄弟姐妹先于
被继承人死亡的,由兄弟姐妹的子女代位继承
——贾某一、张某诉贾某二、贾某三继承纠纷案…… 188
二十一、村委会善意为老人送终,继承人感恩捐赠
遗产
——秦某某与程某英等继承纠纷案………… 190
二十二、农村土地承包经营权不能作为遗产继承,该
户其他成员继续享有承包经营权
——农某一、凌某、农某二、农某三、农某
四诉农某五法定继承纠纷案………… 191
二十三、扶养人尽到生养死葬义务,有权依据遗赠扶
养协议取得遗产
——蔡某诉庞小某等遗赠扶养协议纠纷案……… 193
二十四、遗嘱应当为缺乏劳动能力又没有生活来源的
继承人保留必要遗产份额
——刘某与范小某遗嘱继承纠纷案………… 194
二十五、遗产酌给请求权人有权主张被继承人人身保
险合同利益
——严某诉某保险公司人身保险合同纠纷案…… 196
二十六、继承人不履行赡养义务,遗弃被继承人的,丧
失继承权
——高某乙诉高小某法定继承纠纷案………… 198
二十七、落实意定监护 尊重老年人自主意愿
——卢某申请指定监护人案………… 200
二十八、受继父母抚养教育继子女应当给付养老生活费
——柳某诉延甲、延乙等赡养纠纷案………… 201

中华人民共和国民法典（节录）

（2020年5月28日第十三届全国人民代表大会第三次会议通过　2020年5月28日中华人民共和国主席令第45号公布　自2021年1月1日起施行）

第五编　婚姻家庭

第一章　一般规定

第一千零四十条　婚姻家庭编的调整范围①

本编调整因婚姻家庭产生的民事关系。

第一千零四十一条　婚姻家庭关系基本原则

婚姻家庭受国家保护。

实行婚姻自由、一夫一妻、男女平等的婚姻制度。

保护妇女、未成年人、老年人、残疾人的合法权益。

---

①　条文主旨为编者所加，仅供读者参考检索，下同。

普法问答

如何促进婚姻家庭关系健康发展？

《中国妇女发展纲要（2021—2030年）》指出，面向家庭开展有关法律法规政策宣传，促进男女平等观念在婚姻家庭关系建设中落实落地，倡导夫妻平等参与家庭事务决策，反对一切形式的家庭暴力。开展恋爱、婚姻家庭观念教育，为适龄男女青年婚恋交友、组建家庭搭建平台，推广婚姻登记、婚育健康宣传教育、婚姻家庭关系辅导等"一站式"服务。广泛开展生育政策宣传。推进移风易俗，保障各民族妇女的婚姻自由，抵制早婚早育、高价彩礼等现象，选树宣传婚事新办典型，引导改变生男偏好，构建新型婚育文化。加强对广播电视、网络等婚恋活动和服务的规范管理。

关联规定

《中华人民共和国宪法》（以下简称《宪法》）第四十八条、第四十九条；《中华人民共和国妇女权益保障法》（以下简称《妇女权益保障法》）第六十条、第六十一条；《中国妇女发展纲要（2021—2030年）》

第一千零四十二条 禁止的婚姻家庭行为

> 禁止包办、买卖婚姻和其他干涉婚姻自由的行为。禁止借婚姻索取财物。
> 禁止重婚。禁止有配偶者与他人同居。
> 禁止家庭暴力。禁止家庭成员间的虐待和遗弃。

普法问答

1. 当事人请求返还按照习俗给付的彩礼的，人民法院应当予以支持的情形有哪些？

《最高人民法院关于适用〈中华人民共和国民法典〉婚姻家庭编的解释（一）》第五条规定，当事人请求返还按照习俗给付的彩礼的，如果查明属于以下情形，人民法院应当予以支持：

（1）双方未办理结婚登记手续；

（2）双方办理结婚登记手续但确未共同生活；

（3）婚前给付并导致给付人生活困难。

适用前述第二项、第三项的规定，应当以双方离婚为条件。

2. 什么情况下给付的财物，不属于彩礼？

《最高人民法院关于审理涉彩礼纠纷案件适用法律若干问题的规定》第三条规定，人民法院在审理涉彩礼纠纷案件中，可以根据一方给付财物的目的，综合考虑双方当地习俗、给付的时间和方式、财物价值、给付人及接收人等事实，认定彩礼范围。

下列情形给付的财物，不属于彩礼：

（1）一方在节日、生日等有特殊纪念意义时点给付的价值不大的礼物、礼金；

（2）一方为表达或者增进感情的日常消费性支出；

（3）其他价值不大的财物。

3. 有配偶而重婚的，会受到什么刑事处罚？

《中华人民共和国刑法》（以下简称《刑法》）第二百五十八

条规定，有配偶而重婚的，或者明知他人有配偶而与之结婚的，处二年以下有期徒刑或者拘役。

4. 什么是家庭暴力？

根据《中华人民共和国反家庭暴力法》（以下简称《反家庭暴力法》）第二条的规定，家庭暴力，是指家庭成员之间以殴打、捆绑、残害、限制人身自由以及经常性谩骂、恐吓等方式实施的身体、精神等侵害行为。

5. 什么情形下可以申请人身安全保护令？

《反家庭暴力法》第二十三条规定，当事人因遭受家庭暴力或者面临家庭暴力的现实危险，向人民法院申请人身安全保护令的，人民法院应当受理。

当事人是无民事行为能力人、限制民事行为能力人，或者因受到强制、威吓等原因无法申请人身安全保护令的，其近亲属、公安机关、妇女联合会、居民委员会、村民委员会、救助管理机构可以代为申请。

6. 实施家庭暴力会受到什么处罚？

《反家庭暴力法》第三十三条规定，加害人实施家庭暴力，构成违反治安管理行为的，依法给予治安管理处罚；构成犯罪的，依法追究刑事责任。第三十四条规定，被申请人违反人身安全保护令，构成犯罪的，依法追究刑事责任；尚不构成犯罪的，人民法院应当给予训诫，可以根据情节轻重处以一千元以下罚款、十五日以下拘留。

根据《最高人民法院关于适用〈中华人民共和国民法典〉婚

姻家庭编的解释（一）》第一条的规定，持续性、经常性的家庭暴力，可以认定为"虐待"。《刑法》第二百六十条规定，虐待家庭成员，情节恶劣的，处二年以下有期徒刑、拘役或者管制。致使被害人重伤、死亡的，处二年以上七年以下有期徒刑。

关联规定

《中华人民共和国民法典》（以下简称《民法典》）第一千零七十九条、第一千零九十一条；《妇女权益保障法》第六十五条；《反家庭暴力法》；《刑法》第二百五十八条、第二百六十条、第二百六十一条；《最高人民法院关于适用〈中华人民共和国民法典〉婚姻家庭编的解释（一）》第一条至第三条；《最高人民法院关于审理涉彩礼纠纷案件适用法律若干问题的规定》

第一千零四十三条　婚姻家庭道德规范

> 家庭应当树立优良家风，弘扬家庭美德，重视家庭文明建设。
>
> 夫妻应当互相忠实，互相尊重，互相关爱；家庭成员应当敬老爱幼，互相帮助，维护平等、和睦、文明的婚姻家庭关系。

普法问答

1. 如何用良好家教家风涵育道德品行？

《新时代公民道德建设实施纲要》指出，家庭是社会的基本细胞，是道德养成的起点。要弘扬中华民族传统家庭美德，倡导现代家庭文明观念，推动形成爱国爱家、相亲相爱、向上向善、共建共享的社会主义家庭文明新风尚，让美德在家庭中生根、在亲情中升华。通过多种方式，引导广大家庭重言传、重身教，教知识、育品德，以身作则、耳濡目染，用正确道德观念塑造孩子美好心灵；自觉传承中华孝道，感念父母养育之恩、感念长辈关爱之情，养成孝敬父母、尊敬长辈的良好品质；倡导忠诚、责任、亲情、学习、公益的理念，让家庭成员相互影响、共同提高，在为家庭谋幸福、为他人送温暖、为社会作贡献过程中提高精神境界、培育文明风尚。

2. 家庭美德包括哪些内容？

《新时代公民道德建设实施纲要》指出，推动践行以尊老爱幼、男女平等、夫妻和睦、勤俭持家、邻里互助为主要内容的家庭美德，鼓励人们在家庭里做一个好成员。

关联规定

《民法典》第一千零九十一条；《最高人民法院关于适用〈中华人民共和国民法典〉婚姻家庭编的解释（一）》第四条；《新时代公民道德建设实施纲要》

第一千零四十四条　收养的原则

收养应当遵循最有利于被收养人的原则，保障被收养人和收养人的合法权益。

禁止借收养名义买卖未成年人。

普法问答

1. 如何加强孤儿和事实无人抚养儿童保障？

《中国儿童发展纲要（2021—2030年）》规定，落实孤儿和事实无人抚养儿童保障政策，明确保障对象，规范认定流程，合理确定保障标准。畅通亲属抚养、家庭寄养、机构养育和依法收养孤儿安置渠道。落实社会散居孤儿、事实无人抚养儿童监护责任。完善儿童收养相关法规政策，引导鼓励国内家庭收养病残儿童。健全收养评估制度，建立收养状况回访监督制度，加强收养登记信息化建设。推动收养工作高质量发展。

2. 拐卖儿童的，会受到什么刑事处罚？

《刑法》第二百四十条规定，拐卖妇女、儿童的，处五年以上十年以下有期徒刑，并处罚金；有下列情形之一的，处十年以上有期徒刑或者无期徒刑，并处罚金或者没收财产；情节特别严重的，处死刑，并处没收财产：

（1）拐卖妇女、儿童集团的首要分子；

（2）拐卖妇女、儿童三人以上的；

（3）奸淫被拐卖的妇女的；

（4）诱骗、强迫被拐卖的妇女卖淫或者将被拐卖的妇女卖给他人迫使其卖淫的；

（5）以出卖为目的，使用暴力、胁迫或者麻醉方法绑架妇女、儿童的；

（6）以出卖为目的，偷盗婴幼儿的；

（7）造成被拐卖的妇女、儿童或者其亲属重伤、死亡或者其他严重后果的；

（8）将妇女、儿童卖往境外的。

拐卖妇女、儿童是指以出卖为目的，有拐骗、绑架、收买、贩卖、接送、中转妇女、儿童的行为之一的。

3. 收买被拐卖的儿童的，会受到什么刑事处罚？

根据《刑法》第二百四十一条的规定，收买被拐卖的妇女、儿童的，处三年以下有期徒刑、拘役或者管制。

收买被拐卖的妇女、儿童又出卖的，依照《刑法》第二百四十条的规定定罪处罚。

收买被拐卖的妇女、儿童，对被买儿童没有虐待行为，不阻碍对其进行解救的，可以从轻处罚；按照被买妇女的意愿，不阻碍其返回原居住地的，可以从轻或者减轻处罚。

关联规定

《民法典》第一千零九十三条、第一千零九十八条、第一千一百一十三条；《刑法》第二百四十条、第二百四十一条；《中国公民收养子女登记办法》；《外国人在中华人民共和国收养子女登记办法》；《中国儿童发展纲要（2021—2030年）》

第一千零四十五条　亲属、近亲属与家庭成员

亲属包括配偶、血亲和姻亲。

配偶、父母、子女、兄弟姐妹、祖父母、外祖父母、孙子女、外孙子女为近亲属。

配偶、父母、子女和其他共同生活的近亲属为家庭成员。

关联规定

《民法典》第二十八条、第一千零五十条

第二章 结 婚

第一千零四十六条 结婚自愿

> 结婚应当男女双方完全自愿,禁止任何一方对另一方加以强迫,禁止任何组织或者个人加以干涉。

普法问答

1. 婚姻登记机关及其工作人员在婚姻登记工作中发现疑似被拐卖、绑架的妇女的,应当如何处理?

《婚姻登记条例》第六条第三款规定,婚姻登记机关及其工作人员在婚姻登记工作中发现疑似被拐卖、绑架的妇女的,应当依法及时向有关部门报告;发现当事人遭受家庭暴力或者面临家庭暴力的现实危险的,应当及时劝阻并告知受害人寻求救助的途径。

2. 未成年人的父母可以为未成年人订立婚约吗?

根据《中华人民共和国未成年人保护法》(以下简称《未成年人保护法》)第十七条的规定,未成年人的父母或者其他监护人不得允许、迫使未成年人结婚或者为未成年人订立婚约。

3. 以暴力干涉他人婚姻自由的,可能会受到什么刑事处罚?

《刑法》第二百五十七条规定,以暴力干涉他人婚姻自由的,处二年以下有期徒刑或者拘役。

犯前款罪,致使被害人死亡的,处二年以上七年以下有期徒刑。

第一款罪,告诉的才处理。

关联规定

《宪法》第四十九条;《妇女权益保障法》第六十一条;《中华人民共和国老年人权益保障法》(以下简称《老年人权益保障法》)第二十一条;《未成年人保护法》第十七条;《刑法》第二百五十七条;《婚姻登记条例》第九条

第一千零四十七条 法定婚龄

结婚年龄,男不得早于二十二周岁,女不得早于二十周岁。

关联规定

《婚姻登记条例》第九条

第一千零四十八条 禁止结婚的情形

直系血亲或者三代以内的旁系血亲禁止结婚。

普法问答

申请结婚登记的当事人有什么情形时，婚姻登记机关不予登记？

《婚姻登记条例》第九条规定，申请结婚登记的当事人有下列情形之一的，婚姻登记机关不予登记：

（1）未到法定结婚年龄的；
（2）非男女双方完全自愿的；
（3）一方或者双方已有配偶的；
（4）属于直系血亲或者三代以内旁系血亲的。

关联规定

《婚姻登记条例》第九条

第一千零四十九条 结婚程序

> 要求结婚的男女双方应当亲自到婚姻登记机关申请结婚登记。符合本法规定的，予以登记，发给结婚证。完成结婚登记，即确立婚姻关系。未办理结婚登记的，应当补办登记。

普法问答

1. 申请结婚登记的内地居民应当出具哪些证件和书面材料？

《婚姻登记条例》第八条第一款规定，申请结婚登记的内地居民应当出具下列证件和书面材料：

（1）本人的居民身份证；

（2）本人无配偶以及与对方当事人没有直系血亲和三代以内旁系血亲关系的签字声明。

2. 申请结婚登记的我国香港居民、澳门居民、台湾居民应当出具哪些证件和书面材料？

《婚姻登记条例》第八条第二款规定，申请结婚登记的香港居民、澳门居民、台湾居民应当出具下列证件和书面材料：

（1）本人的有效通行证或者港澳台居民居住证、身份证；

（2）经居住地公证机构公证的本人无配偶以及与对方当事人没有直系血亲和三代以内旁系血亲关系的声明。

3. 申请结婚登记的华侨应当出具哪些证件和书面材料？

《婚姻登记条例》第八条第三款规定，申请结婚登记的华侨应当出具下列证件和书面材料：

（1）本人的有效护照；

（2）居住国公证机构或者有权机关出具的、经中华人民共和国驻该国使（领）馆认证的本人无配偶以及与对方当事人没有直系血亲和三代以内旁系血亲关系的证明，或者中华人民共和国驻该国使（领）馆出具的本人无配偶以及与对方当事人没有直系血亲和三代以内旁系血亲关系的证明。中华人民共和国缔结或者参加的国际条约另有规定的，按照国际条约规定的证明手续办理。

4. 申请结婚登记的外国人应当出具哪些证件和书面材料？

《婚姻登记条例》第八条第四款规定，申请结婚登记的外国人应当出具下列证件和书面材料：

（1）本人的有效护照或者其他有效的国际旅行证件，或者外国人永久居留身份证等中国政府主管机关签发的身份证件；

（2）所在国公证机构或者有权机关出具的、经中华人民共和国驻该国使（领）馆认证或者该国驻华使（领）馆认证的本人无配偶的证明，或者所在国驻华使（领）馆出具的本人无配偶的证明。中华人民共和国缔结或者参加的国际条约另有规定的，按照国际条约规定的证明手续办理。

第八条第五款规定，申请结婚登记的当事人对外国主管机关依据本条第三款、第四款提及的国际条约出具的证明文书的真实性负责，并签署书面声明。

5. 颁发结婚证的步骤是什么？

《婚姻登记工作规范》第四十一条规定，颁发结婚证，应当在当事人双方均在场时按照下列步骤进行：

（1）向当事人双方询问核对姓名、结婚意愿；

（2）告知当事人双方领取结婚证后的法律关系以及夫妻权利、义务；

（3）见证当事人本人亲自在《结婚登记审查处理表》上的"当事人领证签名并按指纹"一栏中签名并按指纹；

"当事人领证签名并按指纹"一栏不得空白，不得由他人代为填写、代按指纹。

（4）将结婚证分别颁发给结婚登记当事人双方，向双方当事人宣布：取得结婚证，确立夫妻关系；

（5）祝贺新人。

6. 未依据法律规定办理结婚登记而以夫妻名义共同生活的男女，提起诉讼要求离婚的，如何处理？

《最高人民法院关于适用〈中华人民共和国民法典〉婚姻家庭编的解释（一）》第七条规定，未依据《民法典》第一千零四十九条规定办理结婚登记而以夫妻名义共同生活的男女，提起诉讼要求离婚的，应当区别对待：

（1）1994年2月1日民政部《婚姻登记管理条例》公布实施以前，男女双方已经符合结婚实质要件的，按事实婚姻处理。

（2）1994年2月1日民政部《婚姻登记管理条例》公布实施以后，男女双方符合结婚实质要件的，人民法院应当告知其补办结婚登记。未补办结婚登记的，依据本解释第三条规定处理。

第三条规定，当事人提起诉讼仅请求解除同居关系的，人民法院不予受理；已经受理的，裁定驳回起诉。

当事人因同居期间财产分割或者子女抚养纠纷提起诉讼的，人民法院应当受理。

关联规定

《婚姻登记条例》第七条至第十条；《婚姻登记工作规范》；《最高人民法院关于适用〈中华人民共和国民法典〉婚姻家庭编的解释（一）》第六条至第八条

第一千零五十条　男女双方互为家庭成员

> 登记结婚后，按照男女双方约定，女方可以成为男方家庭的成员，男方可以成为女方家庭的成员。

> **关联规定**
>
> 《民法典》第一千零四十五条

第一千零五十一条 婚姻无效的情形

> 有下列情形之一的,婚姻无效:
> (一) 重婚;
> (二) 有禁止结婚的亲属关系;
> (三) 未到法定婚龄。

> **普法问答**

1. 哪些人可以提起确认婚姻无效的诉讼?

《最高人民法院关于适用〈中华人民共和国民法典〉婚姻家庭编的解释(一)》第九条规定,有权依据《民法典》第一千零五十一条规定向人民法院就已办理结婚登记的婚姻请求确认婚姻无效的主体,包括婚姻当事人及利害关系人。其中,利害关系人包括:

(1) 以重婚为由的,为当事人的近亲属及基层组织;
(2) 以未到法定婚龄为由的,为未到法定婚龄者的近亲属;
(3) 以有禁止结婚的亲属关系为由的,为当事人的近亲属。

2. 法院受理确认婚姻无效的案件后,原告可否申请撤诉?

《最高人民法院关于适用〈中华人民共和国民法典〉婚姻家庭编的解释(一)》第十一条规定,人民法院受理请求确认婚姻无效案件后,原告申请撤诉的,不予准许。

对婚姻效力的审理不适用调解，应当依法作出判决。

涉及财产分割和子女抚养的，可以调解。调解达成协议的，另行制作调解书；未达成调解协议的，应当一并作出判决。

3. 可以以结婚登记程序存在瑕疵为由提起民事诉讼，主张撤销结婚登记吗？

《最高人民法院关于适用〈中华人民共和国民法典〉婚姻家庭编的解释（一）》第十七条规定，当事人以《民法典》第一千零五十一条规定的三种无效婚姻以外的情形请求确认婚姻无效的，人民法院应当判决驳回当事人的诉讼请求。

当事人以结婚登记程序存在瑕疵为由提起民事诉讼，主张撤销结婚登记的，告知其可以依法申请行政复议或者提起行政诉讼。

关联规定

《刑法》第二百五十八条；《最高人民法院关于适用〈中华人民共和国民法典〉婚姻家庭编的解释（一）》第九条至第十七条；《最高人民法院关于适用〈中华人民共和国民法典〉婚姻家庭编的解释（二）》第一条

第一千零五十二条 受胁迫婚姻的撤销

> 因胁迫结婚的，受胁迫的一方可以向人民法院请求撤销婚姻。
>
> 请求撤销婚姻的，应当自胁迫行为终止之日起一年内提出。
>
> 被非法限制人身自由的当事人请求撤销婚姻的，应当自恢复人身自由之日起一年内提出。

普法问答

什么是《民法典》第一千零五十二条所称的"胁迫"？

《最高人民法院关于适用〈中华人民共和国民法典〉婚姻家庭编的解释（一）》第十八条规定，行为人以给另一方当事人或者其近亲属的生命、身体、健康、名誉、财产等方面造成损害为要挟，迫使另一方当事人违背真实意愿结婚的，可以认定为《民法典》第一千零五十二条所称的"胁迫"。

因受胁迫而请求撤销婚姻的，只能是受胁迫一方的婚姻关系当事人本人。

关联规定

《婚姻登记条例》第十二条；《最高人民法院关于适用〈中华人民共和国民法典〉婚姻家庭编的解释（一）》第十八条、第十九条

第一千零五十三条　隐瞒重大疾病的可撤销婚姻

> 一方患有重大疾病的，应当在结婚登记前如实告知另一方；不如实告知的，另一方可以向人民法院请求撤销婚姻。
>
> 请求撤销婚姻的，应当自知道或者应当知道撤销事由之日起一年内提出。

普法问答

1. 婚前医学检查包括对哪些疾病的检查？

《中华人民共和国母婴保健法》（以下简称《母婴保健法》）第八条第一款规定，婚前医学检查包括对下列疾病的检查：

（1）严重遗传性疾病；

（2）指定传染病；

（3）有关精神病。

第三十八条规定，指定传染病，是指《中华人民共和国传染病防治法》（以下简称《传染病防治法》）中规定的艾滋病、淋病、梅毒、麻风病以及医学上认为影响结婚和生育的其他传染病。严重遗传性疾病，是指由于遗传因素先天形成，患者全部或者部分丧失自主生活能力，后代再现风险高，医学上认为不宜生育的遗传性疾病。有关精神病，是指精神分裂症、躁狂抑郁型精神病以及其他重型精神病。

2. 婚前医学检查中发现患有严重遗传性疾病、指定传染病、有关精神病的，应如何处理？

根据《中华人民共和国母婴保健法实施办法》（以下简称《母婴保健法实施办法》）第十四条的规定，经婚前医学检查，医疗、保健机构发现患有在传染期内的指定传染病、在发病期内的有关精神病、不宜生育的严重遗传性疾病的，医师应当向当事人说明情况，提出预防、治疗以及采取相应医学措施的建议。当事人依据医生的医学意见，可以暂缓结婚，也可以自愿采用长效避孕措施或者结扎手术；医疗、保健机构应当为其治疗提供医学咨询和医疗服务。

关联规定

《母婴保健法》第八条至第十条；《传染病防治法》；《妇女权益保障法》第六十二条；《母婴保健法实施办法》；《婚姻登记条例》第十二条

第一千零五十四条　婚姻无效或被撤销的法律后果

无效的或者被撤销的婚姻自始没有法律约束力，当事人不具有夫妻的权利和义务。同居期间所得的财产，由当事人协议处理；协议不成的，由人民法院根据照顾无过错方的原则判决。对重婚导致的无效婚姻的财产处理，不得侵害合法婚姻当事人的财产权益。当事人所生的子女，适用本法关于父母子女的规定。

婚姻无效或者被撤销的，无过错方有权请求损害赔偿。

关联规定

《最高人民法院关于适用〈中华人民共和国民法典〉婚姻家庭编的解释（一）》第十六条至第二十二条

第三章 家庭关系

第一节 夫妻关系

第一千零五十五条 夫妻平等

夫妻在婚姻家庭中地位平等。

关联规定

《妇女权益保障法》第二条、第十八条、第六十条

第一千零五十六条 夫妻姓名权

夫妻双方都有各自使用自己姓名的权利。

关联规定

《妇女权益保障法》第二十八条

第一千零五十七条 夫妻人身自由权

夫妻双方都有参加生产、工作、学习和社会活动的自由，一方不得对另一方加以限制或者干涉。

关联规定

《宪法》第三十七条；《妇女权益保障法》第十八条、第十九条、第二十九条、第八十四条、第八十五条

第一千零五十八条　夫妻抚养、教育和保护子女的权利义务平等

> 夫妻双方平等享有对未成年子女抚养、教育和保护的权利，共同承担对未成年子女抚养、教育和保护的义务。

普法问答

未成年人的父母实施家庭教育，应当合理运用哪些方式方法？

《中华人民共和国家庭教育促进法》（以下简称《家庭教育促进法》）第十七条规定，未成年人的父母或者其他监护人实施家庭教育，应当关注未成年人的生理、心理、智力发展状况，尊重其参与相关家庭事务和发表意见的权利，合理运用以下方式方法：

（1）亲自养育，加强亲子陪伴；
（2）共同参与，发挥父母双方的作用；
（3）相机而教，寓教于日常生活之中；
（4）潜移默化，言传与身教相结合；
（5）严慈相济，关心爱护与严格要求并重；
（6）尊重差异，根据年龄和个性特点进行科学引导；
（7）平等交流，予以尊重、理解和鼓励；
（8）相互促进，父母与子女共同成长；

(9) 其他有益于未成年人全面发展、健康成长的方式方法。

关联规定

《民法典》第二十六条至第三十九条、第一千一百八十八条至第一千一百八十九条；《家庭教育促进法》；《最高人民法院关于适用〈中华人民共和国民法典〉婚姻家庭编的解释（一）》第六十条、第六十一条

第一千零五十九条　夫妻扶养义务

> 夫妻有相互扶养的义务。
> 需要扶养的一方，在另一方不履行扶养义务时，有要求其给付扶养费的权利。

普法问答

对于没有独立生活能力的人，负有扶养义务而拒绝扶养的，可能会受到什么刑事处罚？

《刑法》第二百六十一条规定，对于年老、年幼、患病或者其他没有独立生活能力的人，负有扶养义务而拒绝扶养，情节恶劣的，处五年以下有期徒刑、拘役或者管制。

关联规定

《刑法》第二百六十一条；《老年人权益保障法》第二十三条

第一千零六十条　夫妻日常家事代理权

夫妻一方因家庭日常生活需要而实施的民事法律行为，对夫妻双方发生效力，但是夫妻一方与相对人另有约定的除外。

夫妻之间对一方可以实施的民事法律行为范围的限制，不得对抗善意相对人。

普法问答

夫妻一方擅自出卖共有房屋，另一方可以追回吗？

《最高人民法院关于适用〈中华人民共和国民法典〉婚姻家庭编的解释（一）》第二十八条规定，一方未经另一方同意出售夫妻共同所有的房屋，第三人善意购买、支付合理对价并已办理不动产登记，另一方主张追回该房屋的，人民法院不予支持。

夫妻一方擅自处分共同所有的房屋造成另一方损失，离婚时另一方请求赔偿损失的，人民法院应予支持。

关联规定

《最高人民法院关于适用〈中华人民共和国民法典〉婚姻家庭编的解释（一）》第二十八条

第一千零六十一条　夫妻遗产继承权

夫妻有相互继承遗产的权利。

关联规定

《妇女权益保障法》第五十八条

第一千零六十二条 夫妻共同财产

> 夫妻在婚姻关系存续期间所得的下列财产,为夫妻的共同财产,归夫妻共同所有:
> (一)工资、奖金、劳务报酬;
> (二)生产、经营、投资的收益;
> (三)知识产权的收益;
> (四)继承或者受赠的财产,但是本法第一千零六十三条第三项规定的除外;
> (五)其他应当归共同所有的财产。
> 夫妻对共同财产,有平等的处理权。

普法问答

1. 什么是"知识产权的收益"?

《最高人民法院关于适用〈中华人民共和国民法典〉婚姻家庭编的解释(一)》第二十四条规定,《民法典》第一千零六十二条第一款第三项规定的"知识产权的收益",是指婚姻关系存续期间,实际取得或者已经明确可以取得的财产性收益。

2. 哪些财产属于"其他应当归共同所有的财产"?

《最高人民法院关于适用〈中华人民共和国民法典〉婚姻家庭

编的解释（一）》第二十五条规定，婚姻关系存续期间，下列财产属于《民法典》第一千零六十二条规定的"其他应当归共同所有的财产"：

（1）一方以个人财产投资取得的收益；

（2）男女双方实际取得或者应当取得的住房补贴、住房公积金；

（3）男女双方实际取得或者应当取得的基本养老金、破产安置补偿费。

3. 夫妻一方个人财产在婚后产生的收益，应当认定为夫妻共同财产吗？

《最高人民法院关于适用〈中华人民共和国民法典〉婚姻家庭编的解释（一）》第二十六条规定，夫妻一方个人财产在婚后产生的收益，除孳息和自然增值外，应认定为夫妻共同财产。

4. 婚前、婚后父母为双方购置房屋出资的，该出资如何认定？

《最高人民法院关于适用〈中华人民共和国民法典〉婚姻家庭编的解释（一）》第二十九条规定，当事人结婚前，父母为双方购置房屋出资的，该出资应当认定为对自己子女个人的赠与，但父母明确表示赠与双方的除外。

当事人结婚后，父母为双方购置房屋出资的，依照约定处理；没有约定或者约定不明确的，按照《民法典》第一千零六十二条第一款第四项规定的原则处理。

关联规定

《妇女权益保障法》第五十四条、第六十六条；《最高人民法院关于适用〈中华人民共和国民法典〉婚姻家庭编的解释（一）》第二十四条至第二十九条

第一千零六十三条 夫妻个人财产

> 下列财产为夫妻一方的个人财产：
> （一）一方的婚前财产；
> （二）一方因受到人身损害获得的赔偿或者补偿；
> （三）遗嘱或者赠与合同中确定只归一方的财产；
> （四）一方专用的生活用品；
> （五）其他应当归一方的财产。

普法问答

1. 军人的伤亡保险金、伤残补助金属于夫妻共同财产吗？

《最高人民法院关于适用〈中华人民共和国民法典〉婚姻家庭编的解释（一）》第三十条规定，军人的伤亡保险金、伤残补助金、医药生活补助费属于个人财产。

2. 个人财产因婚姻关系的延续可以转化为夫妻共同财产吗？

《最高人民法院关于适用〈中华人民共和国民法典〉婚姻家庭编的解释（一）》第三十一条规定，《民法典》第一千零六十三条规定为夫妻一方的个人财产，不因婚姻关系的延续而转化为夫妻共

同财产。但当事人另有约定的除外。

关联规定

《最高人民法院关于适用〈中华人民共和国民法典〉婚姻家庭编的解释（一）》第三十条、第三十一条

第一千零六十四条　夫妻共同债务

> 夫妻双方共同签名或者夫妻一方事后追认等共同意思表示所负的债务，以及夫妻一方在婚姻关系存续期间以个人名义为家庭日常生活需要所负的债务，属于夫妻共同债务。
>
> 夫妻一方在婚姻关系存续期间以个人名义超出家庭日常生活需要所负的债务，不属于夫妻共同债务；但是，债权人能够证明该债务用于夫妻共同生活、共同生产经营或者基于夫妻双方共同意思表示的除外。

普法问答

1. 债权人可以就夫妻一方婚前的个人债务向其配偶主张权利吗？

《最高人民法院关于适用〈中华人民共和国民法典〉婚姻家庭编的解释（一）》第三十三条规定，债权人就一方婚前所负个人债务向债务人的配偶主张权利的，人民法院不予支持。但债权人能够证明所负债务用于婚后家庭共同生活的除外。

2. 赌债是否属于夫妻共同债务？

《最高人民法院关于适用〈中华人民共和国民法典〉婚姻家庭编的解释（一）》第三十四条规定，夫妻一方与第三人串通，虚构债务，第三人主张该债务为夫妻共同债务的，人民法院不予支持。

夫妻一方在从事赌博、吸毒等违法犯罪活动中所负债务，第三人主张该债务为夫妻共同债务的，人民法院不予支持。

关联规定

《最高人民法院关于适用〈中华人民共和国民法典〉婚姻家庭编的解释（一）》第三十三条至第三十六条

第一千零六十五条　夫妻约定财产制

> 男女双方可以约定婚姻关系存续期间所得的财产以及婚前财产归各自所有、共同所有或者部分各自所有、部分共同所有。约定应当采用书面形式。没有约定或者约定不明确的，适用本法第一千零六十二条、第一千零六十三条的规定。
>
> 夫妻对婚姻关系存续期间所得的财产以及婚前财产的约定，对双方具有法律约束力。
>
> 夫妻对婚姻关系存续期间所得的财产约定归各自所有，夫或者妻一方对外所负的债务，相对人知道该约定的，以夫或者妻一方的个人财产清偿。

> **关联规定**

《最高人民法院关于适用〈中华人民共和国民法典〉婚姻家庭编的解释（一）》第三十七条；《最高人民法院关于适用〈中华人民共和国民法典〉婚姻家庭编的解释（二）》第五条

第一千零六十六条　婚内分割夫妻共同财产

> 婚姻关系存续期间，有下列情形之一的，夫妻一方可以向人民法院请求分割共同财产：
> （一）一方有隐藏、转移、变卖、毁损、挥霍夫妻共同财产或者伪造夫妻共同债务等严重损害夫妻共同财产利益的行为；
> （二）一方负有法定扶养义务的人患重大疾病需要医治，另一方不同意支付相关医疗费用。

> **普法问答**

用夫妻共同财产打赏主播，会被认定为"挥霍"吗？

《最高人民法院关于适用〈中华人民共和国民法典〉婚姻家庭编的解释（二）》第六条规定，夫妻一方未经另一方同意，在网络直播平台用夫妻共同财产打赏，数额明显超出其家庭一般消费水平，严重损害夫妻共同财产利益的，可以认定为《民法典》第一千零六十六条和第一千零九十二条规定的"挥霍"。另一方请求在婚姻关系存续期间分割夫妻共同财产，或者在离婚分割夫妻共同财产时请求对打赏一方少分或者不分的,人民法院应予支持。

关联规定

《最高人民法院关于适用〈中华人民共和国民法典〉婚姻家庭编的解释(一)》第三十八条;《最高人民法院关于适用〈中华人民共和国民法典〉婚姻家庭编的解释(二)》第六条、第七条

第二节 父母子女关系和其他近亲属关系

第一千零六十七条 父母与子女间的抚养赡养义务

> 父母不履行抚养义务的,未成年子女或者不能独立生活的成年子女,有要求父母给付抚养费的权利。
>
> 成年子女不履行赡养义务的,缺乏劳动能力或者生活困难的父母,有要求成年子女给付赡养费的权利。

普法问答

1. 因丧失劳动能力而无法维持正常生活的成年子女,可以认定为"不能独立生活的成年子女"吗?

《最高人民法院关于适用〈中华人民共和国民法典〉婚姻家庭编的解释(一)》第四十一条规定,尚在校接受高中及其以下学历教育,或者丧失、部分丧失劳动能力等非因主观原因而无法维持正常生活的成年子女,可以认定为《民法典》第一千零六十七条规定的"不能独立生活的成年子女"。

2. 抚养费包括哪些费用？

《最高人民法院关于适用〈中华人民共和国民法典〉婚姻家庭编的解释（一）》第四十二条规定，《民法典》第一千零六十七条所称"抚养费"，包括子女生活费、教育费、医疗费等费用。

关联规定

《未成年人保护法》第一百零八条；《老年人权益保障法》第十三条至第二十七条、第七十五条；《最高人民法院关于适用〈中华人民共和国民法典〉婚姻家庭编的解释（一）》第四十一条至第四十三条

第一千零六十八条　父母教育、保护未成年子女的权利和义务

> 父母有教育、保护未成年子女的权利和义务。未成年子女造成他人损害的，父母应当依法承担民事责任。

普法问答

1. 家庭教育应当符合哪些要求？

《家庭教育促进法》第五条规定，家庭教育应当符合以下要求：
（1）尊重未成年人身心发展规律和个体差异；
（2）尊重未成年人人格尊严，保护未成年人隐私权和个人信息，保障未成年人合法权益；
（3）遵循家庭教育特点，贯彻科学的家庭教育理念和方法；
（4）家庭教育、学校教育、社会教育紧密结合、协调一致；

（5）结合实际情况采取灵活多样的措施。

2. 家庭教育应当包括哪些方面的内容？

《家庭教育促进法》第十六条规定，未成年人的父母或者其他监护人应当针对不同年龄段未成年人的身心发展特点，以下列内容为指引，开展家庭教育：

（1）教育未成年人爱党、爱国、爱人民、爱集体、爱社会主义，树立维护国家统一的观念，铸牢中华民族共同体意识，培养家国情怀；

（2）教育未成年人崇德向善、尊老爱幼、热爱家庭、勤俭节约、团结互助、诚信友爱、遵纪守法，培养其良好社会公德、家庭美德、个人品德意识和法治意识；

（3）帮助未成年人树立正确的成才观，引导其培养广泛兴趣爱好、健康审美追求和良好学习习惯，增强科学探索精神、创新意识和能力；

（4）保证未成年人营养均衡、科学运动、睡眠充足、身心愉悦，引导其养成良好生活习惯和行为习惯，促进其身心健康发展；

（5）关注未成年人心理健康，教导其珍爱生命，对其进行交通出行、健康上网和防欺凌、防溺水、防诈骗、防拐卖、防性侵等方面的安全知识教育，帮助其掌握安全知识和技能，增强其自我保护的意识和能力；

（6）帮助未成年人树立正确的劳动观念，参加力所能及的劳动，提高生活自理能力和独立生活能力，养成吃苦耐劳的优秀品格和热爱劳动的良好习惯。

🔖 关联规定

《家庭教育促进法》;《未成年人保护法》第十五条至第二十四条;《中华人民共和国义务教育法》;《最高人民法院关于适用〈中华人民共和国民法典〉侵权责任编的解释（一）》第八条

第一千零六十九条　子女尊重父母的婚姻权利及赡养义务

> 子女应当尊重父母的婚姻权利，不得干涉父母离婚、再婚以及婚后的生活。子女对父母的赡养义务，不因父母的婚姻关系变化而终止。

🔖 普法问答

干涉老年人婚姻自由，可能会承担哪些法律责任？

《老年人权益保障法》第七十六条规定，干涉老年人婚姻自由，对老年人负有赡养义务、扶养义务而拒绝赡养、扶养，虐待老年人或者对老年人实施家庭暴力的，由有关单位给予批评教育；构成违反治安管理行为的，依法给予治安管理处罚；构成犯罪的，依法追究刑事责任。

🔖 关联规定

《老年人权益保障法》第二十一条、第七十六条;《刑法》第二百五十七条、第二百六十一条

第一千零七十条　遗产继承权

父母和子女有相互继承遗产的权利。

第一千零七十一条　非婚生子女权利

非婚生子女享有与婚生子女同等的权利，任何组织或者个人不得加以危害和歧视。

不直接抚养非婚生子女的生父或者生母，应当负担未成年子女或者不能独立生活的成年子女的抚养费。

第一千零七十二条　继父母子女之间权利义务

继父母与继子女间，不得虐待或者歧视。

继父或者继母和受其抚养教育的继子女间的权利义务关系，适用本法关于父母子女关系的规定。

普法问答

1. 认定继子女受继父或者继母抚养教育的事实，应当考虑哪些因素？

《最高人民法院关于适用〈中华人民共和国民法典〉婚姻家庭编的解释（二）》第十八条规定，对《民法典》第一千零七十二条中继子女受继父或者继母抚养教育的事实，人民法院应当以共同生活时间长短为基础，综合考虑共同生活期间继父母是否实际进行生活照料、是否履行家庭教育职责、是否承担抚养费等因素予以认定。

2. 继父母子女关系解除后，继父或者继母还能够请求继子女给付生活费吗？

《最高人民法院关于适用〈中华人民共和国民法典〉婚姻家庭编的解释（二）》第十九条规定，生父与继母或者生母与继父离婚后，当事人主张继父或者继母和曾受其抚养教育的继子女之间的权利义务关系不再适用《民法典》关于父母子女关系规定的，人民法院应予支持，但继父或者继母与继子女存在依法成立的收养关系或者继子女仍与继父或者继母共同生活的除外。

继父母子女关系解除后，缺乏劳动能力又缺乏生活来源的继父或者继母请求曾受其抚养教育的成年继子女给付生活费的，人民法院可以综合考虑抚养教育情况、成年继子女负担能力等因素，依法予以支持，但是继父或者继母曾存在虐待、遗弃继子女等情况的除外。

关联规定

《最高人民法院关于适用〈中华人民共和国民法典〉婚姻家庭编的解释（一）》第五十四条；《最高人民法院关于适用〈中华人民共和国民法典〉婚姻家庭编的解释（二）》第十八条、第十九条

第一千零七十三条　亲子关系异议之诉

> 对亲子关系有异议且有正当理由的，父或者母可以向人民法院提起诉讼，请求确认或者否认亲子关系。
>
> 对亲子关系有异议且有正当理由的，成年子女可以向人民法院提起诉讼，请求确认亲子关系。

普法问答

1. 一方当事人已提供必要证据,另一方当事人没有相反证据又拒绝做亲子鉴定的,法院如何处理?

《最高人民法院关于适用〈中华人民共和国民法典〉婚姻家庭编的解释(一)》第三十九条规定,父或者母向人民法院起诉请求否认亲子关系,并已提供必要证据予以证明,另一方没有相反证据又拒绝做亲子鉴定的,人民法院可以认定否认亲子关系一方的主张成立。

父或者母以及成年子女起诉请求确认亲子关系,并提供必要证据予以证明,另一方没有相反证据又拒绝做亲子鉴定的,人民法院可以认定确认亲子关系一方的主张成立。

2. 民事证据包括哪些种类?

《中华人民共和国民事诉讼法》(以下简称《民事诉讼法》)第六十六条规定,证据包括:

(1) 当事人的陈述;
(2) 书证;
(3) 物证;
(4) 视听资料;
(5) 电子数据;
(6) 证人证言;
(7) 鉴定意见;
(8) 勘验笔录。

证据必须查证属实,才能作为认定事实的根据。

关联规定

《民事诉讼法》第六十六条至第八十四条；《最高人民法院关于适用〈中华人民共和国民法典〉婚姻家庭编的解释（一）》第三十九条

第一千零七十四条　祖孙之间的抚养、赡养义务

> 有负担能力的祖父母、外祖父母，对于父母已经死亡或者父母无力抚养的未成年孙子女、外孙子女，有抚养的义务。
>
> 有负担能力的孙子女、外孙子女，对于子女已经死亡或者子女无力赡养的祖父母、外祖父母，有赡养的义务。

普法问答

法定义务人无履行义务能力的认定标准是什么？

《特困人员认定办法》第八条规定了法定义务人无履行义务能力的认定标准，即法定义务人符合下列情形之一的，应当认定为本办法所称的无履行义务能力：

（1）特困人员；

（2）60周岁以上的最低生活保障对象；

（3）70周岁以上的老年人，本人收入低于当地上年人均可支配收入，且其财产符合当地低收入家庭财产状况规定的；

（4）重度残疾人和残疾等级为三级的智力、精神残疾人，本人收入低于当地上年人均可支配收入，且其财产符合当地低收入家庭财产状况规定的；

（5）无民事行为能力、被宣告失踪或者在监狱服刑的人员，且其财产符合当地低收入家庭财产状况规定的；

（6）省、自治区、直辖市人民政府规定的其他情形。

关于特困人员的范围，《特困人员认定办法》第四条进行了规定，即同时具备以下条件的老年人、残疾人和未成年人，应当依法纳入特困人员救助供养范围：

（1）无劳动能力；

（2）无生活来源；

（3）无法定赡养、抚养、扶养义务人或者其法定义务人无履行义务能力。

关联规定

《老年人权益保障法》第十九条、第二十条；《特困人员认定办法》

第一千零七十五条　兄弟姐妹间扶养义务

> 有负担能力的兄、姐，对于父母已经死亡或者父母无力抚养的未成年弟、妹，有扶养的义务。
>
> 由兄、姐扶养长大的有负担能力的弟、妹，对于缺乏劳动能力又缺乏生活来源的兄、姐，有扶养的义务。

普法问答

追索扶养费，法院可以裁定先予执行吗？

《民事诉讼法》第一百零九条规定，人民法院对下列案件，根

据当事人的申请,可以裁定先予执行:

(1) 追索赡养费、扶养费、抚养费、抚恤金、医疗费用的;

(2) 追索劳动报酬的;

(3) 因情况紧急需要先予执行的。

关联规定

《民事诉讼法》第一百零九条;《特困人员认定办法》

第四章 离　　婚

第一千零七十六条　协议离婚

> 夫妻双方自愿离婚的，应当签订书面离婚协议，并亲自到婚姻登记机关申请离婚登记。
>
> 离婚协议应当载明双方自愿离婚的意思表示和对子女抚养、财产以及债务处理等事项协商一致的意见。

普法问答

离婚登记的程序是什么？

《民政部关于贯彻落实〈中华人民共和国民法典〉中有关婚姻登记规定的通知》指出，根据《民法典》第一千零七十六条、第一千零七十七条和第一千零七十八条规定，离婚登记按如下程序办理：

（1）申请。夫妻双方自愿离婚的，应当签订书面离婚协议，共同到有管辖权的婚姻登记机关提出申请，并提供以下证件和证明材料：

①内地婚姻登记机关或者中国驻外使（领）馆颁发的结婚证；

②符合《婚姻登记工作规范》第二十九条至第三十五条规定的有效身份证件；

③在婚姻登记机关现场填写的《离婚登记申请书》。

根据《婚姻登记条例》第十五条的规定，申请离婚登记的内地居民应当出具本人的居民身份证、本人的结婚证。申请离婚登记的香港居民、澳门居民、台湾居民、华侨、外国人除应当出具本人的结婚证外，香港居民、澳门居民、台湾居民还应当出具本人的有效通行证或者港澳台居民居住证、身份证；华侨、外国人还应当出具本人的有效护照或者其他有效的国际旅行证件，或者外国人永久居留身份证等中国政府主管机关签发的身份证件。

（2）受理。婚姻登记员按照《婚姻登记工作规范》有关规定对当事人提交的上述材料进行初审。

申请办理离婚登记的当事人有一本结婚证丢失的，当事人应当书面声明遗失，婚姻登记员可以根据另一本结婚证受理离婚登记申请；申请办理离婚登记的当事人两本结婚证都丢失的，当事人应当书面声明结婚证遗失并提供加盖查档专用章的结婚登记档案复印件，婚姻登记员可根据当事人提供的上述材料受理离婚登记申请。

婚姻登记员对当事人提交的证件和证明材料初审无误后，发给《离婚登记申请受理回执单》。不符合离婚登记申请条件的，不予受理。当事人要求出具《不予受理离婚登记申请告知书》的，应当出具。

（3）冷静期。自婚姻登记机关收到离婚登记申请并向当事人发放《离婚登记申请受理回执单》之日起三十日内，任何一方不愿意离婚的，可以持本人有效身份证件和《离婚登记申请受理回执单》（遗失的可不提供，但需书面说明情况），向受理离婚登记申请的婚姻登记机关撤回离婚登记申请，并亲自填写《撤回离婚登记申请书》。经婚姻登记机关核实无误后，发给《撤回离婚登记申请确认单》，并将《离婚登记申请书》《撤回离婚登记申请书》与《撤回离婚登记申请确认单（存根联）》一并存档。

自离婚冷静期届满后三十日内，双方未共同到婚姻登记机关申请发给离婚证的，视为撤回离婚登记申请。

（4）审查。自离婚冷静期届满后三十日内（期间届满的最后一日是节假日的，以节假日后的第一日为期限届满的日期），双方当事人应当持《婚姻登记工作规范》第五十五条第（四）至（七）项规定的证件和材料，共同到婚姻登记机关申请发给离婚证。

婚姻登记机关按照《婚姻登记工作规范》第五十六条和第五十七条规定的程序和条件执行和审查。婚姻登记机关对不符合离婚登记条件的，不予办理。当事人要求出具《不予办理离婚登记告知书》的，应当出具。

（5）登记（发证）。婚姻登记机关按照《婚姻登记工作规范》第五十八条至第六十条规定，予以登记，发给离婚证。

离婚协议书一式三份，男女双方各一份并自行保存，婚姻登记处存档一份。婚姻登记员在当事人持有的两份离婚协议书上加盖"此件与存档件一致，涂改无效。××××婚姻登记处××××年××月××日"的长方形红色印章并填写日期。多页离婚协议书同时在骑缝处加盖此印章，骑缝处不填写日期。当事人亲自签订的离婚协议书原件存档。婚姻登记处在存档的离婚协议书加盖"×××登记处存档件××××年××月××日"的长方形红色印章并填写日期。

关联规定

《婚姻登记条例》第十三条至第十五条；《婚姻登记工作规范》；《最高人民法院关于适用〈中华人民共和国民法典〉婚姻家庭编的解释（一）》第六十九条、第七十条；《民政部关于贯彻落实〈中华人民共和国民法典〉中有关婚姻登记规定的通知》

第一千零七十七条　离婚冷静期

> 自婚姻登记机关收到离婚登记申请之日起三十日内，任何一方不愿意离婚的，可以向婚姻登记机关撤回离婚登记申请。
> 前款规定期限届满后三十日内，双方应当亲自到婚姻登记机关申请发给离婚证；未申请的，视为撤回离婚登记申请。

关联规定

《民政部关于贯彻落实〈中华人民共和国民法典〉中有关婚姻登记规定的通知》

第一千零七十八条　婚姻登记机关对协议离婚的查明

> 婚姻登记机关查明双方确实是自愿离婚，并已经对子女抚养、财产以及债务处理等事项协商一致的，予以登记，发给离婚证。

普法问答

1. 申请离婚登记的当事人有什么情形时，婚姻登记机关不予受理？

《婚姻登记条例》第十四条规定，申请离婚登记的当事人有下列情形之一的，婚姻登记机关不予受理：

（1）未达成离婚协议的；

（2）属于无民事行为能力人或者限制民事行为能力人的；

（3）其结婚登记不是在中国内地办理的。

2. 颁发离婚证的步骤是什么？

《婚姻登记工作规范》第五十九条规定，颁发离婚证，应当在当事人双方均在场时按照下列步骤进行：

（1）向当事人双方询问核对姓名、出生日期、离婚意愿；

（2）见证当事人本人亲自在《离婚登记审查处理表》"当事人领证签名并按指纹"一栏中签名并按指纹；

"当事人领证签名并按指纹"一栏不得空白，不得由他人代为填写、代按指纹；

（3）在当事人的结婚证上加盖条型印章，其中注明"双方离婚，证件失效。××婚姻登记处"。注销后的结婚证复印存档，原件退还当事人。

（4）将离婚证颁发给离婚当事人。

3. 结婚证、离婚证可以申请补领吗？

《婚姻登记条例》第二十一条规定，当事人需要补领结婚证或者离婚证的，可以持居民身份证或者《婚姻登记条例》第八条第二款至第四款规定的有效身份证件向婚姻登记机关申请办理。

婚姻登记机关对当事人的婚姻登记档案进行查证，确认属实的，应当为当事人补发结婚证或者离婚证。

关联规定

《婚姻登记条例》第十六条、第十七条；《婚姻登记工作规

范》;《民政部关于贯彻落实〈中华人民共和国民法典〉中有关婚姻登记规定的通知》

第一千零七十九条 诉讼离婚

夫妻一方要求离婚的,可以由有关组织进行调解或者直接向人民法院提起离婚诉讼。

人民法院审理离婚案件,应当进行调解;如果感情确已破裂,调解无效的,应当准予离婚。

有下列情形之一,调解无效的,应当准予离婚:
(一)重婚或者与他人同居;
(二)实施家庭暴力或者虐待、遗弃家庭成员;
(三)有赌博、吸毒等恶习屡教不改;
(四)因感情不和分居满二年;
(五)其他导致夫妻感情破裂的情形。

一方被宣告失踪,另一方提起离婚诉讼的,应当准予离婚。

经人民法院判决不准离婚后,双方又分居满一年,一方再次提起离婚诉讼的,应当准予离婚。

普法问答

1. 无民事行为能力人的监护人可以代其提起离婚诉讼吗?

根据《民法典》第三十六条第一款、《最高人民法院关于适用〈中华人民共和国民法典〉婚姻家庭编的解释(一)》第六十二条的规定,无民事行为能力人的配偶有实施严重损害被监护人身心健康的行为，怠于履行监护职责，或者无法履行监护职责且拒绝将监护职责部分或者全部委托给他人，导致被监护人处于危困状态，或者实施严重侵害被监护人合法权益的其他行为，其他有监护资格的人可以要求撤销其监护资格，并依法指定新的监护人；变更后的监护人代理无民事行为能力一方提起离婚诉讼的，人民法院应予受理。

2. 夫妻一方下落不明，另一方可以起诉离婚吗？

《最高人民法院关于适用〈中华人民共和国民事诉讼法〉的解释》第二百一十七条规定，夫妻一方下落不明，另一方诉至人民法院，只要求离婚，不申请宣告下落不明人失踪或者死亡的案件，人民法院应当受理，对下落不明人公告送达诉讼文书。

3. 离婚案件，可以申请不公开审理吗？

《民事诉讼法》第一百三十七条规定，人民法院审理民事案件，除涉及国家秘密、个人隐私或者法律另有规定的以外，应当公开进行。

离婚案件，涉及商业秘密的案件，当事人申请不公开审理的，可以不公开审理。

关联规定

《民法典》第四十条至第四十六条；《反家庭暴力法》；《妇女权益保障法》第六十五条；《民事诉讼法》第六十五条、第一百三十七条；《最高人民法院关于适用〈中华人民共和国民法典〉婚姻家庭编的解释（一）》第二十三条、第六十二条、第六十三条

第一千零八十条　婚姻关系的解除时间

> 完成离婚登记，或者离婚判决书、调解书生效，即解除婚姻关系。

普法问答

1. 法院判决不准离婚，多长时间后可以再起诉？

根据《民事诉讼法》第一百二十七条的规定，法院判决不准离婚和调解和好的离婚案件，判决、调解维持收养关系的案件，没有新情况、新理由，原告在六个月内又起诉的，不予受理。

《最高人民法院关于适用〈中华人民共和国民事诉讼法〉的解释》第二百一十四条规定，原告撤诉或者人民法院按撤诉处理后，原告以同一诉讼请求再次起诉的，人民法院应予受理。

原告撤诉或者按撤诉处理的离婚案件，没有新情况、新理由，六个月内又起诉的，比照民事诉讼法第一百二十七条第七项的规定不予受理。

2. 解除婚姻关系的判决、调解书生效后，还能申请再审吗？

《民事诉讼法》第二百一十三条规定，当事人对已经发生法律效力的解除婚姻关系的判决、调解书，不得申请再审。

关联规定

《民事诉讼法》第一百二十七条、第二百一十三条；《婚姻登记条例》第十六条；《最高人民法院关于适用〈中华人民共和国民事诉讼法〉的解释》第二百一十四条

第一千零八十一条　现役军人离婚

现役军人的配偶要求离婚，应当征得军人同意，但是军人一方有重大过错的除外。

普法问答

1. 明知是现役军人的配偶而与之同居或者结婚的，会受到什么刑事处罚？

《刑法》第二百五十九条规定，明知是现役军人的配偶而与之同居或者结婚的，处三年以下有期徒刑或者拘役。

利用职权、从属关系，以胁迫手段奸淫现役军人的妻子的，依照《刑法》第二百三十六条的规定定罪处罚。

第二百三十六条规定，以暴力、胁迫或者其他手段强奸妇女的，处三年以上十年以下有期徒刑。

奸淫不满十四周岁的幼女的，以强奸论，从重处罚。

强奸妇女、奸淫幼女，有下列情形之一的，处十年以上有期徒刑、无期徒刑或者死刑：

（1）强奸妇女、奸淫幼女情节恶劣的；

（2）强奸妇女、奸淫幼女多人的；

（3）在公共场所当众强奸妇女、奸淫幼女的；

（4）二人以上轮奸的；

（5）奸淫不满十周岁的幼女或者造成幼女伤害的；

（6）致使被害人重伤、死亡或者造成其他严重后果的。

2. 如何判断"军人一方有重大过错"？

根据《最高人民法院关于适用〈中华人民共和国民法典〉婚姻家庭编的解释（一）》第六十四条的规定，《民法典》第一千零八十一条所称的"军人一方有重大过错"，可以依据《民法典》第一千零七十九条第三款前三项规定即重婚或者与他人同居，实施家庭暴力或者虐待、遗弃家庭成员或者有赌博、吸毒等恶习屡教不改三种情形及军人有其他重大过错导致夫妻感情破裂的情形予以判断。

关联规定

《刑法》第二百五十九条；《最高人民法院关于适用〈中华人民共和国民法典〉婚姻家庭编的解释（一）》第六十四条

第一千零八十二条　男方提出离婚的限制情形

女方在怀孕期间、分娩后一年内或者终止妊娠后六个月内，男方不得提出离婚；但是，女方提出离婚或者人民法院认为确有必要受理男方离婚请求的除外。

关联规定

《宪法》第四十九条；《妇女权益保障法》第六十四条

第一千零八十三条　复婚

离婚后，男女双方自愿恢复婚姻关系的，应当到婚姻登记机关重新进行结婚登记。

关联规定

《婚姻登记条例》第十八条

第一千零八十四条　离婚后子女的抚养

> 父母与子女间的关系，不因父母离婚而消除。离婚后，子女无论由父或者母直接抚养，仍是父母双方的子女。
>
> 离婚后，父母对于子女仍有抚养、教育、保护的权利和义务。
>
> 离婚后，不满两周岁的子女，以由母亲直接抚养为原则。已满两周岁的子女，父母双方对抚养问题协议不成的，由人民法院根据双方的具体情况，按照最有利于未成年子女的原则判决。子女已满八周岁的，应当尊重其真实意愿。

普法问答

1. 什么情况下，法院会支持由父亲直接抚养子女？

《最高人民法院关于适用〈中华人民共和国民法典〉婚姻家庭编的解释（一）》第四十四条规定，离婚案件涉及未成年子女抚养的，对不满两周岁的子女，按照《民法典》第一千零八十四条第三款规定的原则处理。母亲有下列情形之一，父亲请求直接抚养的，人民法院应予支持：

（1）患有久治不愈的传染性疾病或者其他严重疾病，子女不宜与其共同生活；

（2）有抚养条件不尽抚养义务，而父亲要求子女随其生活；

（3）因其他原因，子女确不宜随母亲生活。

2. 什么情况下，法院会优先考虑将子女判决给一方抚养？

根据《最高人民法院关于适用〈中华人民共和国民法典〉婚姻家庭编的解释（一）》第四十六条、第四十七条的规定，对已满两周岁的未成年子女，父母均要求直接抚养，一方有下列情形之一的，可予优先考虑：

（1）已做绝育手术或者因其他原因丧失生育能力；

（2）子女随其生活时间较长，改变生活环境对子女健康成长明显不利；

（3）无其他子女，而另一方有其他子女；

（4）子女随其生活，对子女成长有利，而另一方患有久治不愈的传染性疾病或者其他严重疾病，或者有其他不利于子女身心健康的情形，不宜与子女共同生活。

此外，父母抚养子女的条件基本相同，双方均要求直接抚养子女，但子女单独随祖父母或者外祖父母共同生活多年，且祖父母或者外祖父母要求并且有能力帮助子女照顾孙子女或者外孙子女的，可以作为父或者母直接抚养子女的优先条件予以考虑。

《最高人民法院关于适用〈中华人民共和国民法典〉婚姻家庭编的解释（二）》第十四条规定，离婚诉讼中，父母均要求直接抚养已满两周岁的未成年子女，一方有下列情形之一的，人民法院应当按照最有利于未成年子女的原则，优先考虑由另一方直接抚养：

（1）实施家庭暴力或者虐待、遗弃家庭成员；

（2）有赌博、吸毒等恶习；

（3）重婚、与他人同居或者其他严重违反夫妻忠实义务情形；

（4）抢夺、藏匿未成年子女且另一方不存在本条第一项或者第二项等严重侵害未成年子女合法权益情形；

（5）其他不利于未成年子女身心健康的情形。

3. 什么情况下，法院会支持父母一方要求变更子女抚养关系？

《最高人民法院关于适用〈中华人民共和国民法典〉婚姻家庭编的解释（一）》第五十六条规定，具有下列情形之一，父母一方要求变更子女抚养关系的，人民法院应予支持：

（1）与子女共同生活的一方因患严重疾病或者因伤残无力继续抚养子女；

（2）与子女共同生活的一方不尽抚养义务或有虐待子女行为，或者其与子女共同生活对子女身心健康确有不利影响；

（3）已满八周岁的子女，愿随另一方生活，该方又有抚养能力；

（4）有其他正当理由需要变更。

关联规定

《妇女权益保障法》第七十条、第七十一条；《最高人民法院关于适用〈中华人民共和国民法典〉婚姻家庭编的解释（一）》第四十四条至第四十八条、第五十六条、第五十七条；《最高人民法院关于适用〈中华人民共和国民法典〉婚姻家庭编的解释（二）》第十三条、第十四条

第一千零八十五条　离婚后子女抚养费的负担

> 离婚后，子女由一方直接抚养的，另一方应当负担部分或者全部抚养费。负担费用的多少和期限的长短，由双方协议；协议不成的，由人民法院判决。
>
> 前款规定的协议或者判决，不妨碍子女在必要时向父母任何一方提出超过协议或者判决原定数额的合理要求。

普法问答

1. 抚养费的数额如何确定？

《最高人民法院关于适用〈中华人民共和国民法典〉婚姻家庭编的解释（一）》第四十九条规定，抚养费的数额，可以根据子女的实际需要、父母双方的负担能力和当地的实际生活水平确定。

有固定收入的，抚养费一般可以按其月总收入的百分之二十至三十的比例给付。负担两个以上子女抚养费的，比例可以适当提高，但一般不得超过月总收入的百分之五十。

无固定收入的，抚养费的数额可以依据当年总收入或者同行业平均收入，参照上述比例确定。

有特殊情况的，可以适当提高或者降低上述比例。

2. 抚养费的给付期限是多久？

《最高人民法院关于适用〈中华人民共和国民法典〉婚姻家庭编的解释（一）》第五十三条规定，抚养费的给付期限，一般至子女十八周岁为止。

十六周岁以上不满十八周岁，以其劳动收入为主要生活来源，并能维持当地一般生活水平的，父母可以停止给付抚养费。

3. 离婚后是否还可以增加抚养费？

《最高人民法院关于适用〈中华人民共和国民法典〉婚姻家庭编的解释（一）》第五十八条规定，具有下列情形之一，子女要求有负担能力的父或者母增加抚养费的，人民法院应予支持：

（1）原定抚养费数额不足以维持当地实际生活水平；
（2）因子女患病、上学，实际需要已超过原定数额；
（3）有其他正当理由应当增加。

4. 离婚后能否单方变更子女姓名？

《公安部关于父母离婚后子女姓名变更有关问题的批复》（公治〔2002〕74号）明确指出，对于离婚双方未经协商或协商未达成一致意见而其中一方要求变更子女姓名的，公安机关可以拒绝受理；对一方因向公安机关隐瞒离婚事实，而取得子女姓名变更的，若另一方要求恢复子女原姓名且离婚双方协商不成，公安机关应予恢复。

5. 可以因子女变更姓氏而拒付子女抚养费吗？

《最高人民法院关于适用〈中华人民共和国民法典〉婚姻家庭编的解释（一）》第五十九条规定，父母不得因子女变更姓氏而拒付子女抚养费。父或者母擅自将子女姓氏改为继母或继父姓氏而引起纠纷的，应当责令恢复原姓氏。

关联规定

《最高人民法院关于适用〈中华人民共和国民法典〉婚姻家庭编的解释（一）》第四十九条至第五十三条、第五十八条、第五十九条；《最高人民法院关于适用〈中华人民共和国民法典〉婚姻家庭编的解释（二）》第十六条、第十七条

第一千零八十六条　探望子女权利

> 离婚后，不直接抚养子女的父或者母，有探望子女的权利，另一方有协助的义务。
> 行使探望权利的方式、时间由当事人协议；协议不成的，由人民法院判决。
> 父或者母探望子女，不利于子女身心健康的，由人民法院依法中止探望；中止的事由消失后，应当恢复探望。

普法问答

1. 谁有权向人民法院提出中止探望的请求？

《最高人民法院关于适用〈中华人民共和国民法典〉婚姻家庭编的解释（一）》第六十七条规定，未成年子女、直接抚养子女的父或者母以及其他对未成年子女负担抚养、教育、保护义务的法定监护人，有权向人民法院提出中止探望的请求。

2. 拒不协助另一方行使探望权的，如何处理？

《最高人民法院关于适用〈中华人民共和国民法典〉婚姻家庭

编的解释（一）》第六十八条规定，对于拒不协助另一方行使探望权的有关个人或者组织，可以由人民法院依法采取拘留、罚款等强制措施，但是不能对子女的人身、探望行为进行强制执行。

关联规定

《最高人民法院关于适用〈中华人民共和国民法典〉婚姻家庭编的解释（一）》第六十五条至第六十八条

第一千零八十七条　离婚时夫妻共同财产的处理

> 离婚时，夫妻的共同财产由双方协议处理；协议不成的，由人民法院根据财产的具体情况，按照照顾子女、女方和无过错方权益的原则判决。
>
> 对夫或者妻在家庭土地承包经营中享有的权益等，应当依法予以保护。

普法问答

1. 离婚时，军人名下的复员费、自主择业费等一次性费用如何分割？

《最高人民法院关于适用〈中华人民共和国民法典〉婚姻家庭编的解释（一）》第七十一条规定，人民法院审理离婚案件，涉及分割发放到军人名下的复员费、自主择业费等一次性费用的，以夫妻婚姻关系存续年限乘以年平均值，所得数额为夫妻共同财产。

前述所称年平均值，是指将发放到军人名下的上述费用总额按具体年限均分得出的数额。其具体年限为人均寿命七十岁与军人入

· 57 ·

伍时实际年龄的差额。

2. 离婚时，股票等有价证券以及未上市股份有限公司股份如何分割？

《最高人民法院关于适用〈中华人民共和国民法典〉婚姻家庭编的解释（一）》第七十二条规定，夫妻双方分割共同财产中的股票、债券、投资基金份额等有价证券以及未上市股份有限公司股份时，协商不成或者按市价分配有困难的，人民法院可以根据数量按比例分配。

3. 离婚时，以一方名义在有限责任公司的出资额如何分割？

《最高人民法院关于适用〈中华人民共和国民法典〉婚姻家庭编的解释（一）》第七十三条规定，人民法院审理离婚案件，涉及分割夫妻共同财产中以一方名义在有限责任公司的出资额，另一方不是该公司股东的，按以下情形分别处理：

（1）夫妻双方协商一致将出资额部分或者全部转让给该股东的配偶，其他股东过半数同意，并且其他股东均明确表示放弃优先购买权的，该股东的配偶可以成为该公司股东；

（2）夫妻双方就出资额转让份额和转让价格等事项协商一致后，其他股东半数以上不同意转让，但愿意以同等条件购买该出资额的，人民法院可以对转让出资所得财产进行分割。其他股东半数以上不同意转让，也不愿意以同等条件购买该出资额的，视为其同意转让，该股东的配偶可以成为该公司股东。

用于证明前述规定的股东同意的证据，可以是股东会议材料，也可以是当事人通过其他合法途径取得的股东的书面声明材料。

4. 离婚时，合伙企业中夫妻共同财产份额如何分割？

《最高人民法院关于适用〈中华人民共和国民法典〉婚姻家庭编的解释（一）》第七十四条规定，人民法院审理离婚案件，涉及分割夫妻共同财产中以一方名义在合伙企业中的出资，另一方不是该企业合伙人的，当夫妻双方协商一致，将其合伙企业中的财产份额全部或者部分转让给对方时，按以下情形分别处理：

（1）其他合伙人一致同意的，该配偶依法取得合伙人地位；

（2）其他合伙人不同意转让，在同等条件下行使优先购买权的，可以对转让所得的财产进行分割；

（3）其他合伙人不同意转让，也不行使优先购买权，但同意该合伙人退伙或者削减部分财产份额的，可以对结算后的财产进行分割；

（4）其他合伙人既不同意转让，也不行使优先购买权，又不同意该合伙人退伙或者削减部分财产份额的，视为全体合伙人同意转让，该配偶依法取得合伙人地位。

5. 离婚时，个人独资企业中夫妻共同财产如何分割？

《最高人民法院关于适用〈中华人民共和国民法典〉婚姻家庭编的解释（一）》第七十五条规定，夫妻以一方名义投资设立个人独资企业的，人民法院分割夫妻在该个人独资企业中的共同财产时，应当按照以下情形分别处理：

（1）一方主张经营该企业的，对企业资产进行评估后，由取得企业资产所有权一方给予另一方相应的补偿；

（2）双方均主张经营该企业的，在双方竞价基础上，由取得企业资产所有权的一方给予另一方相应的补偿；

（3）双方均不愿意经营该企业的，按照《中华人民共和国个人独资企业法》等有关规定办理。

6. 离婚时，双方对房屋的价值及归属无法达成一致，法院会如何处理？

《最高人民法院关于适用〈中华人民共和国民法典〉婚姻家庭编的解释（一）》第七十六条规定，双方对夫妻共同财产中的房屋价值及归属无法达成协议时，人民法院按以下情形分别处理：

（1）双方均主张房屋所有权并且同意竞价取得的，应当准许；

（2）一方主张房屋所有权的，由评估机构按市场价格对房屋作出评估，取得房屋所有权的一方应当给予另一方相应的补偿；

（3）双方均不主张房屋所有权的，根据当事人的申请拍卖、变卖房屋，就所得价款进行分割。

7. 夫妻一方婚前支付首付款购买房屋并登记在自己名下，婚后用夫妻共同财产还贷，离婚时如何处分该房屋？

《最高人民法院关于适用〈中华人民共和国民法典〉婚姻家庭编的解释（一）》第七十八条规定，夫妻一方婚前签订不动产买卖合同，以个人财产支付首付款并在银行贷款，婚后用夫妻共同财产还贷，不动产登记于首付款支付方名下的，离婚时该不动产由双方协议处理。

依前述规定不能达成协议的，人民法院可以判决该不动产归登记一方，尚未归还的贷款为不动产登记一方的个人债务。双方婚后共同还贷支付的款项及其相对应财产增值部分，离婚时应根据《民法典》第一千零八十七条第一款规定的原则，由不动产登记一方对另一方进行补偿。

8. 双方均无配偶的同居关系析产纠纷案件中，对同居期间所得的财产如何处理？

《最高人民法院关于适用〈中华人民共和国民法典〉婚姻家庭编的解释（二）》第四条规定，双方均无配偶的同居关系析产纠纷案件中，对同居期间所得的财产，有约定的，按照约定处理；没有约定且协商不成的，人民法院按照以下情形分别处理：

（1）各自所得的工资、奖金、劳务报酬、知识产权收益，各自继承或者受赠的财产以及单独生产、经营、投资的收益等，归各自所有；

（2）共同出资购置的财产或者共同生产、经营、投资的收益以及其他无法区分的财产，以各自出资比例为基础，综合考虑共同生活情况、有无共同子女、对财产的贡献大小等因素进行分割。

9. 夫妻购置房屋时父母出资，离婚时如何分割？

《最高人民法院关于适用〈中华人民共和国民法典〉婚姻家庭编的解释（二）》第八条规定，婚姻关系存续期间，夫妻购置房屋由一方父母全额出资，如果赠与合同明确约定只赠与自己子女一方的，按照约定处理；没有约定或者约定不明确的，离婚分割夫妻共同财产时，人民法院可以判决该房屋归出资人子女一方所有，并综合考虑共同生活及孕育共同子女情况、离婚过错、对家庭的贡献大小以及离婚时房屋市场价格等因素，确定是否由获得房屋一方对另一方予以补偿以及补偿的具体数额。

婚姻关系存续期间，夫妻购置房屋由一方父母部分出资或者双方父母出资，如果赠与合同明确约定相应出资只赠与自己子女一方的，按照约定处理；没有约定或者约定不明确的，离婚分割夫妻共同财产时，人民法院可以根据当事人诉讼请求，以出资来源及比例为基础，综合考虑共同生活及孕育共同子女情况、离婚过错、对家庭的贡献大小以及离婚时房屋市场价格等因素，判决房屋归其中一方所有，并由获得房屋一方对另一方予以合理补偿。

关联规定

《妇女权益保障法》第五十六条、第六十七条至第六十九条；《中华人民共和国农村土地承包法》（以下简称《农村土地承包法》）第六条、第三十一条；《最高人民法院关于适用〈中华人民共和国民法典〉婚姻家庭编的解释（一）》第七十一条至第八十三条；《最高人民法院关于适用〈中华人民共和国民法典〉婚姻家庭编的解释（二）》第四条、第五条、第八条至第十条、第二十条

第一千零八十八条　离婚经济补偿

> 夫妻一方因抚育子女、照料老年人、协助另一方工作等负担较多义务的，离婚时有权向另一方请求补偿，另一方应当给予补偿。具体办法由双方协议；协议不成的，由人民法院判决。

普法问答

确定离婚经济补偿数额，需要考虑哪些因素？

《最高人民法院关于适用〈中华人民共和国民法典〉婚姻家庭编的解释（二）》第二十一条规定，离婚诉讼中，夫妻一方有证

据证明在婚姻关系存续期间因抚育子女、照料老年人、协助另一方工作等负担较多义务，依据《民法典》第一千零八十八条规定请求另一方给予补偿的，人民法院可以综合考虑负担相应义务投入的时间、精力和对双方的影响以及给付方负担能力、当地居民人均可支配收入等因素，确定补偿数额。

关联规定

《妇女权益保障法》第六十八条；《最高人民法院关于适用〈中华人民共和国民法典〉婚姻家庭编的解释（二）》第二十一条

第一千零八十九条　离婚时夫妻共同债务的清偿

离婚时，夫妻共同债务应当共同偿还。共同财产不足清偿或者财产归各自所有的，由双方协议清偿；协议不成的，由人民法院判决。

关联规定

《最高人民法院关于适用〈中华人民共和国民法典〉婚姻家庭编的解释（一）》第三十五条、第六十九条；《最高人民法院关于适用〈中华人民共和国民法典〉婚姻家庭编的解释（二）》第三条

第一千零九十条　离婚经济帮助

离婚时，如果一方生活困难，有负担能力的另一方应当给予适当帮助。具体办法由双方协议；协议不成的，由人民法院判决。

🔖 **关联规定**

《最高人民法院关于适用〈中华人民共和国民法典〉婚姻家庭编的解释（二）》第二十二条

第一千零九十一条　离婚损害赔偿

> 有下列情形之一，导致离婚的，无过错方有权请求损害赔偿：
> （一）重婚；
> （二）与他人同居；
> （三）实施家庭暴力；
> （四）虐待、遗弃家庭成员；
> （五）有其他重大过错。

🔖 **普法问答**

1. 精神损害的赔偿数额如何确定？

《最高人民法院关于适用〈中华人民共和国民法典〉婚姻家庭编的解释（一）》第八十六条规定，《民法典》第一千零九十一条规定的"损害赔偿"，包括物质损害赔偿和精神损害赔偿。涉及精神损害赔偿的，适用《最高人民法院关于确定民事侵权精神损害赔偿责任若干问题的解释》的有关规定。

《最高人民法院关于确定民事侵权精神损害赔偿责任若干问题的解释》第五条规定，精神损害的赔偿数额根据以下因素确定：

（1）侵权人的过错程度，但是法律另有规定的除外；
（2）侵权行为的目的、方式、场合等具体情节；
（3）侵权行为所造成的后果；
（4）侵权人的获利情况；
（5）侵权人承担责任的经济能力；
（6）受理诉讼法院所在地的平均生活水平。

2. 离婚损害赔偿诉讼的提起时间有什么要求？

《最高人民法院关于适用〈中华人民共和国民法典〉婚姻家庭编的解释（一）》第八十八条规定，人民法院受理离婚案件时，应当将《民法典》第一千零九十一条等规定中当事人的有关权利义务，书面告知当事人。在适用《民法典》第一千零九十一条时，应当区分以下不同情况：

（1）符合《民法典》第一千零九十一条规定的无过错方作为原告基于该条规定向人民法院提起损害赔偿请求的，必须在离婚诉讼的同时提出。

（2）符合《民法典》第一千零九十一条规定的无过错方作为被告的离婚诉讼案件，如果被告不同意离婚也不基于该条规定提起损害赔偿请求的，可以就此单独提起诉讼。

（3）无过错方作为被告的离婚诉讼案件，一审时被告未基于《民法典》第一千零九十一条规定提出损害赔偿请求，二审期间提出的，人民法院应当进行调解；调解不成的，告知当事人另行起诉。双方当事人同意由第二审人民法院一并审理的，第二审人民法院可以一并裁判。

3. 办理离婚登记手续后，还能提起损害赔偿诉讼吗？

《最高人民法院关于适用〈中华人民共和国民法典〉婚姻家庭编的解释（一）》第八十九条规定，当事人在婚姻登记机关办理离婚登记手续后，以《民法典》第一千零九十一条规定为由向人民法院提出损害赔偿请求的，人民法院应当受理。但当事人在协议离婚时已经明确表示放弃该项请求的，人民法院不予支持。

关联规定

《最高人民法院关于适用〈中华人民共和国民法典〉婚姻家庭编的解释（一）》第二十三条、第八十六条至第九十条；《最高人民法院关于确定民事侵权精神损害赔偿责任若干问题的解释》

第一千零九十二条　一方侵害夫妻财产的处理规则

> 夫妻一方隐藏、转移、变卖、毁损、挥霍夫妻共同财产，或者伪造夫妻共同债务企图侵占另一方财产的，在离婚分割夫妻共同财产时，对该方可以少分或者不分。离婚后，另一方发现有上述行为的，可以向人民法院提起诉讼，请求再次分割夫妻共同财产。

普法问答

请求再次分割夫妻共同财产的诉讼时效期间是多少？

《最高人民法院关于适用〈中华人民共和国民法典〉婚姻家庭编的解释（一）》第八十四条规定，当事人依据民法典第一千零九十二条的规定向人民法院提起诉讼，请求再次分割夫妻共同财产的诉讼时效期间为三年，从当事人发现之日起计算。

关联规定

《妇女权益保障法》第六十七条；《最高人民法院关于适用〈中华人民共和国民法典〉婚姻家庭编的解释（一）》第八十三条、第八十四条；《最高人民法院关于适用〈中华人民共和国民法典〉婚姻家庭编的解释（二）》第六条、第七条

第五章 收 养

第一节 收养关系的成立

第一千零九十三条 被收养人的条件

下列未成年人，可以被收养：
（一）丧失父母的孤儿；
（二）查找不到生父母的未成年人；
（三）生父母有特殊困难无力抚养的子女。

第一千零九十四条 送养人的条件

下列个人、组织可以作送养人：
（一）孤儿的监护人；
（二）儿童福利机构；
（三）有特殊困难无力抚养子女的生父母。

普法问答

送养人应当向收养登记机关提交哪些证件和证明材料？

《中国公民收养子女登记办法》第七条规定，送养人应当向收养登记机关提交下列证件和证明材料：

（1）送养人的居民户口簿和居民身份证（组织作监护人的，提交其负责人的身份证件）；

（2）《民法典》规定送养时应当征得其他有抚养义务的人同意的，并提交其他有抚养义务的人同意送养的书面意见。

社会福利机构为送养人的，并应当提交弃婴、儿童进入社会福利机构的原始记录，公安机关出具的捡拾弃婴、儿童报案的证明，或者孤儿的生父母死亡或者宣告死亡的证明。

监护人为送养人的，并应当提交实际承担监护责任的证明，孤儿的父母死亡或者宣告死亡的证明，或者被收养人生父母无完全民事行为能力并对被收养人有严重危害的证明。

生父母为送养人，有特殊困难无力抚养子女的，还应当提交送养人有特殊困难的声明；因丧偶或者一方下落不明由单方送养的，还应当提交配偶死亡或者下落不明的证明。对送养人有特殊困难的声明，登记机关可以进行调查核实；子女由三代以内同辈旁系血亲收养的，还应当提交公安机关出具的或者经过公证的与收养人有亲属关系的证明。

被收养人是残疾儿童的，并应当提交县级以上医疗机构出具的该儿童的残疾证明。

关联规定

《未成年人保护法》第十七条；《中国公民收养子女登记办法》

第一千零九十五条　监护人送养未成年人的情形

> 未成年人的父母均不具备完全民事行为能力且可能严重危害该未成年人的，该未成年人的监护人可以将其送养。

第一千零九十六条　监护人送养孤儿的限制及变更监护人

监护人送养孤儿的，应当征得有抚养义务的人同意。有抚养义务的人不同意送养、监护人不愿意继续履行监护职责的，应当依照本法第一编的规定另行确定监护人。

关联规定

《民法典》第二十七条、第三十六条；《中国公民收养子女登记办法》

第一千零九十七条　生父母送养子女的原则要求与例外

生父母送养子女，应当双方共同送养。生父母一方不明或者查找不到的，可以单方送养。

关联规定

《妇女权益保障法》第七十条

第一千零九十八条　收养人条件

收养人应当同时具备下列条件：
（一）无子女或者只有一名子女；
（二）有抚养、教育和保护被收养人的能力；
（三）未患有在医学上认为不应当收养子女的疾病；
（四）无不利于被收养人健康成长的违法犯罪记录；
（五）年满三十周岁。

普法问答

收养人应当向收养登记机关提交哪些材料？

《中国公民收养子女登记办法》第六条规定，收养人应当向收养登记机关提交收养申请书和下列证件、证明材料：

（1）收养人的居民户口簿和居民身份证；

（2）由收养人所在单位或者村民委员会、居民委员会出具的本人婚姻状况和抚养教育被收养人的能力等情况的证明，以及收养人出具的子女情况声明；

（3）县级以上医疗机构出具的未患有在医学上认为不应当收养子女的疾病的身体健康检查证明。

收养查找不到生父母的弃婴、儿童的，并应当提交收养人经常居住地卫生健康主管部门出具的收养人生育情况证明；其中收养非社会福利机构抚养的查找不到生父母的弃婴、儿童的，收养人应当提交下列证明材料：

（1）收养人经常居住地卫生健康主管部门出具的收养人生育情况证明；

（2）公安机关出具的捡拾弃婴、儿童报案的证明。

收养继子女的，可以只提交居民户口簿、居民身份证和收养人与被收养人生父或者生母结婚的证明。

对收养人出具的子女情况声明，登记机关可以进行调查核实。

关联规定

《中国公民收养子女登记办法》

第一千零九十九条　三代以内旁系同辈血亲的收养

收养三代以内旁系同辈血亲的子女，可以不受本法第一千零九十三条第三项、第一千零九十四条第三项和第一千一百零二条规定的限制。

华侨收养三代以内旁系同辈血亲的子女，还可以不受本法第一千零九十八条第一项规定的限制。

关联规定

《中国公民收养子女登记办法》；《外国人在中华人民共和国收养子女登记办法》

第一千一百条　收养人收养子女数量

无子女的收养人可以收养两名子女；有子女的收养人只能收养一名子女。

收养孤儿、残疾未成年人或者儿童福利机构抚养的查找不到生父母的未成年人，可以不受前款和本法第一千零九十八条第一项规定的限制。

第一千一百零一条　共同收养

有配偶者收养子女，应当夫妻共同收养。

普法问答

夫妻一方因故不能亲自前往收养登记机关办理登记手续的，应当如何处理？

《中国公民收养子女登记办法》第五条规定，收养关系当事人应当亲自到收养登记机关办理成立收养关系的登记手续。

夫妻共同收养子女的，应当共同到收养登记机关办理登记手续；一方因故不能亲自前往的，应当书面委托另一方办理登记手续，委托书应当经过村民委员会或者居民委员会证明或者经过公证。

关联规定

《中国公民收养子女登记办法》第五条

第一千一百零二条　无配偶者收养异性子女的限制

无配偶者收养异性子女的，收养人与被收养人的年龄应当相差四十周岁以上。

第一千一百零三条　收养继子女的特别规定

继父或者继母经继子女的生父母同意，可以收养继子女，并可以不受本法第一千零九十三条第三项、第一千零九十四条第三项、第一千零九十八条和第一千一百条第一款规定的限制。

第一千一百零四条　收养自愿原则

> 收养人收养与送养人送养，应当双方自愿。收养八周岁以上未成年人的，应当征得被收养人的同意。

关联规定

《民法典》第十九条

第一千一百零五条　收养登记、收养协议、收养公证及收养评估

> 收养应当向县级以上人民政府民政部门登记。收养关系自登记之日起成立。
>
> 收养查找不到生父母的未成年人的，办理登记的民政部门应当在登记前予以公告。
>
> 收养关系当事人愿意签订收养协议的，可以签订收养协议。
>
> 收养关系当事人各方或者一方要求办理收养公证的，应当办理收养公证。
>
> 县级以上人民政府民政部门应当依法进行收养评估。

普法问答

1. 收养登记机关收到收养登记申请书及有关材料后，如何处理？

《中国公民收养子女登记办法》第八条规定，收养登记机关收到收养登记申请书及有关材料后，应当自次日起30日内进行审查。

对符合《民法典》规定条件的,为当事人办理收养登记,发给收养登记证,收养关系自登记之日起成立;对不符合《民法典》规定条件的,不予登记,并对当事人说明理由。

收养查找不到生父母的弃婴、儿童的,收养登记机关应当在登记前公告查找其生父母;自公告之日起满60日,弃婴、儿童的生父母或者其他监护人未认领的,视为查找不到生父母的弃婴、儿童。公告期间不计算在登记办理期限内。

2. 收养评估内容包括哪些方面?

收养评估,是指民政部门对收养申请人是否具备抚养、教育和保护被收养人的能力进行调查、评估,并出具评估报告的专业服务行为。《收养评估办法(试行)》第八条规定,收养评估内容包括收养申请人以下情况:收养动机、道德品行、受教育程度、健康状况、经济及住房条件、婚姻家庭关系、共同生活家庭成员意见、抚育计划、邻里关系、社区环境、与被收养人融合情况等。

收养申请人与被收养人融合的时间不少于30日。

3. 收养评估的流程是什么?

《收养评估办法(试行)》第九条规定,收养评估流程包括书面告知、评估准备、实施评估、出具评估报告。

(1)书面告知。民政部门收到收养登记申请有关材料后,经初步审查收养申请人、送养人、被收养人符合《民法典》《中国公民收养子女登记办法》要求的,应当书面告知收养申请人将对其进行收养评估。委托第三方机构开展评估的,民政部门应当同时书面告知受委托的第三方机构。

(2)评估准备。收养申请人确认同意进行收养评估的,第三方机构应当选派 2 名以上具有社会工作、医学、心理学等专业背景或者从事相关工作 2 年以上的专职工作人员开展评估活动。

民政部门自行组织收养评估的，由收养评估小组开展评估活动。

（3）实施评估。评估人员根据评估需要，可以采取面谈、查阅资料、实地走访等多种方式进行评估，全面了解收养申请人的情况。

（4）出具报告。收养评估小组和受委托的第三方机构应当根据评估情况制作书面收养评估报告。收养评估报告包括正文和附件两部分：正文部分包括评估工作的基本情况、评估内容分析、评估结论等；附件部分包括记载评估过程的文字、语音、照片、影像等资料。委托第三方机构评估的，收养评估报告应当由参与评估人员签名，并加盖机构公章。民政部门自行组织评估的，收养评估报告应当由收养评估小组成员共同签名。

第十条规定，收养评估报告应当在收养申请人确认同意进行收养评估之日起 60 日内作出。收养评估期间不计入收养登记办理期限。

收养评估报告应当作为民政部门办理收养登记的参考依据。

4. 收养评估期间，收养评估小组或者受委托的第三方机构发现收养申请人及其共同生活家庭成员有哪些情形时，应当向民政部门报告？

《收养评估办法（试行）》第十一条规定，收养评估期间，收养评估小组或者受委托的第三方机构发现收养申请人及其共同生活家庭成员有下列情形之一的，应当向民政部门报告：

（1）弄虚作假，伪造、变造相关材料或者隐瞒相关事实的；

（2）参加非法组织、邪教组织的；

（3）买卖、性侵、虐待或者遗弃、非法送养未成年人，及其他侵犯未成年人身心健康的；

（4）有持续性、经常性的家庭暴力的；

（5）有故意犯罪行为，判处或者可能判处有期徒刑以上刑罚的；

（6）患有精神类疾病、传染性疾病、重度残疾或者智力残疾、重大疾病的；

（7）存在吸毒、酗酒、赌博、嫖娼等恶习的；

（8）故意或者过失导致正与其进行融合的未成年人受到侵害或者面临其他危险情形的；

（9）有其他不利于未成年人身心健康行为的。

存在前述规定第8项规定情形的，民政部门应当立即向公安机关报案。

关联规定

《中国公民收养子女登记办法》；《外国人在中华人民共和国收养子女登记办法》；《收养评估办法（试行）》；《收养登记工作规范》

第一千一百零六条　收养后的户口登记

收养关系成立后，公安机关应当按照国家有关规定为被收养人办理户口登记。

关联规定

《中国公民收养子女登记办法》第九条

第一千一百零七条　亲属、朋友的抚养

孤儿或者生父母无力抚养的子女，可以由生父母的亲属、朋友抚养；抚养人与被抚养人的关系不适用本章规定。

第一千一百零八条　祖父母、外祖父母优先抚养权

配偶一方死亡，另一方送养未成年子女的，死亡一方的父母有优先抚养的权利。

第一千一百零九条　涉外收养

外国人依法可以在中华人民共和国收养子女。

外国人在中华人民共和国收养子女，应当经其所在国主管机关依照该国法律审查同意。收养人应当提供由其所在国有权机构出具的有关其年龄、婚姻、职业、财产、健康、有无受过刑事处罚等状况的证明材料，并与送养人签订书面协议，亲自向省、自治区、直辖市人民政府民政部门登记。

前款规定的证明材料应当经收养人所在国外交机关或者外交机关授权的机构认证，并经中华人民共和国驻该国使领馆认证，但是国家另有规定的除外。

普法问答

1. 外国人在华收养子女,应当提交哪些文件?

《外国人在中华人民共和国收养子女登记办法》第四条规定,外国人在华收养子女,应当通过所在国政府或者政府委托的收养组织(以下简称外国收养组织)向中国政府委托的收养组织(以下简称中国收养组织)转交收养申请并提交收养人的家庭情况报告和证明。

前述规定的收养人的收养申请、家庭情况报告和证明,是指由其所在国有权机构出具,经其所在国外交机关或者外交机关授权的机构认证,并经中华人民共和国驻该国使馆或者领馆认证的,或者履行中华人民共和国缔结或者参加的国际条约规定的证明手续的下列文件:

(1) 跨国收养申请书;
(2) 出生证明;
(3) 婚姻状况证明;
(4) 职业、经济收入和财产状况证明;
(5) 身体健康检查证明;
(6) 有无受过刑事处罚的证明;
(7) 收养人所在国主管机关同意其跨国收养子女的证明;
(8) 家庭情况报告,包括收养人的身份、收养的合格性和适当性、家庭状况和病史、收养动机以及适合于照顾儿童的特点等。

在华工作或者学习连续居住一年以上的外国人在华收养子女,应当提交前述规定的除身体健康检查证明以外的文件,并应当提交在华所在单位或者有关部门出具的婚姻状况证明,职业、经济收入或者财产状况证明，有无受过刑事处罚证明以及县级以上医疗机构出具的身体健康检查证明。

2. 送养人应当向民政部门提交哪些证明材料？

《外国人在中华人民共和国收养子女登记办法》第五条规定，送养人应当向省、自治区、直辖市人民政府民政部门提交本人的居民户口簿和居民身份证（社会福利机构作送养人的，应当提交其负责人的身份证件）、被收养人的户籍证明等情况证明，并根据不同情况提交下列有关证明材料：

（1）被收养人的生父母（包括已经离婚的）为送养人的，应当提交生父母有特殊困难无力抚养的证明和生父母双方同意送养的书面意见；其中，被收养人的生父或者生母因丧偶或者一方下落不明，由单方送养的，并应当提交配偶死亡或者下落不明的证明以及死亡的或者下落不明的配偶的父母不行使优先抚养权的书面声明；

（2）被收养人的父母均不具备完全民事行为能力，由被收养人的其他监护人作送养人的，应当提交被收养人的父母不具备完全民事行为能力且对被收养人有严重危害的证明以及监护人有监护权的证明；

（3）被收养人的父母均已死亡，由被收养人的监护人作送养人的，应当提交其生父母的死亡证明、监护人实际承担监护责任的证明，以及其他有抚养义务的人同意送养的书面意见；

（4）由社会福利机构作送养人的，应当提交弃婴、儿童被遗弃和发现的情况证明以及查找其父母或者其他监护人的情况证明；被收养人是孤儿的，应当提交孤儿父母的死亡或者宣告死亡证明，以及有抚养孤儿义务的其他人同意送养的书面意见。

送养残疾儿童的，还应当提交县级以上医疗机构出具的该儿童的残疾证明。

3. 夫妻一方因故不能亲自来华办理收养手续的，应当如何处理？

《外国人在中华人民共和国收养子女登记办法》第八条规定，外国人来华收养子女，应当亲自来华办理登记手续。夫妻共同收养的，应当共同来华办理收养手续；一方因故不能来华的，应当书面委托另一方。委托书应当经所在国公证和认证。中华人民共和国缔结或者参加的国际条约另有规定的，按照国际条约规定的证明手续办理。

收养人对外国主管机关依据《外国人在中华人民共和国收养子女登记办法》第四条第二款和前述提及的国际条约出具的证明文书的真实性负责，签署书面声明，并承担相应法律责任。

4. 收养关系当事人办理收养登记时，应当分别提供哪些材料？

《外国人在中华人民共和国收养子女登记办法》第十条规定，收养关系当事人办理收养登记时，应当填写外国人来华收养子女登记申请书并提交收养协议，同时分别提供有关材料。

收养人应当提供下列材料：

（1）中国收养组织发出的来华收养子女通知书；

（2）收养人的身份证件和照片。

送养人应当提供下列材料：

（1）省、自治区、直辖市人民政府民政部门发出的被收养人已被同意收养的通知；

（2）送养人的居民户口簿和居民身份证（社会福利机构作送

养人的，为其负责人的身份证件)、被收养人的照片。

关联规定

《外国人在中华人民共和国收养子女登记办法》

第一千一百一十条 保守收养秘密

收养人、送养人要求保守收养秘密的，其他人应当尊重其意愿，不得泄露。

第二节 收养的效力

第一千一百一十一条 收养的效力

自收养关系成立之日起，养父母与养子女间的权利义务关系，适用本法关于父母子女关系的规定；养子女与养父母的近亲属间的权利义务关系，适用本法关于子女与父母的近亲属关系的规定。

养子女与生父母以及其他近亲属间的权利义务关系，因收养关系的成立而消除。

第一千一百一十二条 养子女的姓氏

养子女可以随养父或者养母的姓氏，经当事人协商一致，也可以保留原姓氏。

普法问答

什么情况下，可以选取父母之外的姓氏？

《民法典》第一千零一十五条规定，自然人应当随父姓或者母姓，但是有下列情形之一的，可以在父姓和母姓之外选取姓氏：

（1）选取其他直系长辈血亲的姓氏；
（2）因由法定扶养人以外的人扶养而选取扶养人姓氏；
（3）有不违背公序良俗的其他正当理由。

少数民族自然人的姓氏可以遵从本民族的文化传统和风俗习惯。

关联规定

《民法典》第一千零一十二条、第一千零一十五条、第一千零一十六条

第一千一百一十三条 收养行为的无效

> 有本法第一编关于民事法律行为无效规定情形或者违反本编规定的收养行为无效。
> 无效的收养行为自始没有法律约束力。

关联规定

《中国公民收养子女登记办法》第十三条

第三节　收养关系的解除

第一千一百一十四条　收养关系的协议解除与诉讼解除

　　收养人在被收养人成年以前，不得解除收养关系，但是收养人、送养人双方协议解除的除外。养子女八周岁以上的，应当征得本人同意。

　　收养人不履行抚养义务，有虐待、遗弃等侵害未成年养子女合法权益行为的，送养人有权要求解除养父母与养子女间的收养关系。送养人、收养人不能达成解除收养关系协议的，可以向人民法院提起诉讼。

第一千一百一十五条　养父母与成年养子女解除收养关系

　　养父母与成年养子女关系恶化、无法共同生活的，可以协议解除收养关系。不能达成协议的，可以向人民法院提起诉讼。

第一千一百一十六条　解除收养关系的登记

　　当事人协议解除收养关系的，应当到民政部门办理解除收养关系登记。

普法问答

办理解除收养关系登记的程序是什么？

《中国公民收养子女登记办法》第十条规定，收养关系当事人协议解除收养关系的，应当持居民户口簿、居民身份证、收养登记证和解除收养关系的书面协议，共同到被收养人常住户口所在地的收养登记机关办理解除收养关系登记。

第十一条规定，收养登记机关收到解除收养关系登记申请书及有关材料后，应当自次日起 30 日内进行审查；对符合《民法典》规定的，为当事人办理解除收养关系的登记，收回收养登记证，发给解除收养关系证明。

关联规定

《中国公民收养子女登记办法》第十条、第十一条

第一千一百一十七条　收养关系解除的法律后果

> 收养关系解除后，养子女与养父母以及其他近亲属间的权利义务关系即行消除，与生父母以及其他近亲属间的权利义务关系自行恢复。但是，成年养子女与生父母以及其他近亲属间的权利义务关系是否恢复，可以协商确定。

第一千一百一十八条　收养关系解除后生活费、抚养费支付

收养关系解除后,经养父母抚养的成年养子女,对缺乏劳动能力又缺乏生活来源的养父母,应当给付生活费。因养子女成年后虐待、遗弃养父母而解除收养关系的,养父母可以要求养子女补偿收养期间支出的抚养费。

生父母要求解除收养关系的,养父母可以要求生父母适当补偿收养期间支出的抚养费;但是,因养父母虐待、遗弃养子女而解除收养关系的除外。

第六编 继 承

第一章 一般规定

第一千一百一十九条 继承编的调整范围

本编调整因继承产生的民事关系。

第一千一百二十条 继承权的保护

国家保护自然人的继承权。

> 关联规定
>
> 《宪法》第十三条

第一千一百二十一条 继承的开始时间和死亡时间的推定

继承从被继承人死亡时开始。

相互有继承关系的数人在同一事件中死亡，难以确定死亡时间的，推定没有其他继承人的人先死亡。都有其他继承人，辈份不同的，推定长辈先死亡；辈份相同的，推定同时死亡，相互不发生继承。

关联规定

《中华人民共和国民事诉讼法》第三十四条；《最高人民法院关于适用〈中华人民共和国民法典〉继承编的解释（一）》第一条

第一千一百二十二条　遗产的范围

> 遗产是自然人死亡时遗留的个人合法财产。
> 依照法律规定或者根据其性质不得继承的遗产，不得继承。

普法问答

1. 承包人死亡时尚未取得的承包收益可以继承吗？

《最高人民法院关于适用〈中华人民共和国民法典〉继承编的解释（一）》第二条规定，承包人死亡时尚未取得承包收益的，可以将死者生前对承包所投入的资金和所付出的劳动及其增值和孳息，由发包单位或者接续承包合同的人合理折价、补偿。其价额作为遗产。

2. 被保险人的保险金可以继承吗？

根据《中华人民共和国保险法》（以下简称《保险法》）第四十二条的规定，被保险人死亡后，有下列情形之一的，保险金作为被保险人的遗产，由保险人依照《继承法》（现为《民法典》）的规定履行给付保险金的义务：

（1）没有指定受益人，或者受益人指定不明无法确定的；

（2）受益人先于被保险人死亡，没有其他受益人的；

（3）受益人依法丧失受益权或者放弃受益权，没有其他受益人的。

受益人与被保险人在同一事件中死亡，且不能确定死亡先后顺序的，推定受益人死亡在先。

3. 林地家庭承包经营权可以继承吗？

《农村土地承包法》第三十二条规定，承包人应得的承包收益，依照《继承法》（现为《民法典》）的规定继承。

林地承包的承包人死亡，其继承人可以在承包期内继续承包。

《最高人民法院关于审理涉及农村土地承包纠纷案件适用法律问题的解释》第二十三条第一款规定，林地家庭承包中，承包方的继承人请求在承包期内继续承包的，应予支持。

4. 土地经营权可以继承吗？

《农村土地承包法》第五十四条规定，依照本章规定通过招标、拍卖、公开协商等方式取得土地经营权的，该承包人死亡，其应得的承包收益，依照《继承法》（现为《民法典》）的规定继承；在承包期内，其继承人可以继续承包。

5. 职工死亡的，职工的继承人可以提取职工住房公积金账户内的存储余额吗？

根据《住房公积金管理条例》第二十四条第三款的规定，职工死亡或者被宣告死亡的，职工的继承人、受遗赠人可以提取职工住房公积金账户内的存储余额；无继承人也无受遗赠人的，职工住房公积金账户内的存储余额纳入住房公积金的增值收益。

关联规定

《中华人民共和国公司法》第九十条、第一百六十七条；《保险法》第四十二条；《中华人民共和国社会保险法》第十四条；《农村土地承包法》第三十二条、第五十四条；《住房公积金管理条例》第二十四条；《最高人民法院关于适用〈中华人民共和国民法典〉继承编的解释（一）》第二条、第三十九条

第一千一百二十三条　法定继承、遗嘱继承、遗赠和遗赠扶养协议的效力

> 继承开始后，按照法定继承办理；有遗嘱的，按照遗嘱继承或者遗赠办理；有遗赠扶养协议的，按照协议办理。

普法问答

被继承人生前既订有遗赠扶养协议又立有遗嘱的，如何处理？

《最高人民法院关于适用〈中华人民共和国民法典〉继承编的解释（一）》第三条规定，被继承人生前与他人订有遗赠扶养协议，同时又立有遗嘱的，继承开始后，如果遗赠扶养协议与遗嘱没有抵触，遗产分别按协议和遗嘱处理；如果有抵触，按协议处理，与协议抵触的遗嘱全部或者部分无效。

关联规定

《最高人民法院关于适用〈中华人民共和国民法典〉继承编的解释（一）》第三条

第一千一百二十四条 继承和遗赠的接受和放弃

> 继承开始后，继承人放弃继承的，应当在遗产处理前，以书面形式作出放弃继承的表示；没有表示的，视为接受继承。
>
> 受遗赠人应当在知道受遗赠后六十日内，作出接受或者放弃受遗赠的表示；到期没有表示的，视为放弃受遗赠。

普法问答

继承人放弃继承后，还能反悔吗？

《最高人民法院关于适用〈中华人民共和国民法典〉继承编的解释（一）》第三十六条规定，遗产处理前或者在诉讼进行中，继承人对放弃继承反悔的，由人民法院根据其提出的具体理由，决定是否承认。遗产处理后，继承人对放弃继承反悔的，不予承认。

关联规定

《最高人民法院关于适用〈中华人民共和国民法典〉继承编的解释（一）》第三十二条至第三十七条

第一千一百二十五条 继承权的丧失

继承人有下列行为之一的,丧失继承权:
(一) 故意杀害被继承人;
(二) 为争夺遗产而杀害其他继承人;
(三) 遗弃被继承人,或者虐待被继承人情节严重;
(四) 伪造、篡改、隐匿或者销毁遗嘱,情节严重;
(五) 以欺诈、胁迫手段迫使或者妨碍被继承人设立、变更或者撤回遗嘱,情节严重。

继承人有前款第三项至第五项行为,确有悔改表现,被继承人表示宽恕或者事后在遗嘱中将其列为继承人的,该继承人不丧失继承权。

受遗赠人有本条第一款规定行为的,丧失受遗赠权。

普法问答

1. 继承人是否符合《民法典》规定的"虐待被继承人情节严重",应当从哪些方面认定?

《最高人民法院关于适用〈中华人民共和国民法典〉继承编的解释(一)》第六条规定,继承人是否符合《民法典》第一千一百二十五条第一款第三项规定的"虐待被继承人情节严重",可以从实施虐待行为的时间、手段、后果和社会影响等方面认定。

虐待被继承人情节严重的,不论是否追究刑事责任,均可确认其丧失继承权。

2. 继承人故意杀害被继承人未遂，其继承权会丧失吗？

《最高人民法院关于适用〈中华人民共和国民法典〉继承编的解释（一）》第七条规定，继承人故意杀害被继承人的，不论是既遂还是未遂，均应当确认其丧失继承权。

关联规定

《最高人民法院关于适用〈中华人民共和国民法典〉继承编的解释（一）》第五条至第九条

第二章 法定继承

第一千一百二十六条 继承权男女平等原则

继承权男女平等。

第一千一百二十七条 继承人的范围及继承顺序

遗产按照下列顺序继承：
（一）第一顺序：配偶、子女、父母；
（二）第二顺序：兄弟姐妹、祖父母、外祖父母。

继承开始后，由第一顺序继承人继承，第二顺序继承人不继承；没有第一顺序继承人继承的，由第二顺序继承人继承。

本编所称子女，包括婚生子女、非婚生子女、养子女和有扶养关系的继子女。

本编所称父母，包括生父母、养父母和有扶养关系的继父母。

本编所称兄弟姐妹，包括同父母的兄弟姐妹、同父异母或者同母异父的兄弟姐妹、养兄弟姐妹、有扶养关系的继兄弟姐妹。

普法问答

1. 继子女继承了继父母遗产的，会影响其继承生父母的遗产吗？

《最高人民法院关于适用〈中华人民共和国民法典〉继承编的解释（一）》第十一条规定，继子女继承了继父母遗产的，不影响其继承生父母的遗产。

继父母继承了继子女遗产的，不影响其继承生子女的遗产。

2. 养兄弟姐妹之间可以互为第二顺序继承人吗？

《最高人民法院关于适用〈中华人民共和国民法典〉继承编的解释（一）》第十二条规定，养子女与生子女之间、养子女与养子女之间，系养兄弟姐妹，可以互为第二顺序继承人。

被收养人与其亲兄弟姐妹之间的权利义务关系，因收养关系的成立而消除，不能互为第二顺序继承人。

关联规定

《老年人权益保障法》第二十二条；《最高人民法院关于适用〈中华人民共和国民法典〉继承编的解释（一）》第十条至第十三条

第一千一百二十八条　代位继承

> 被继承人的子女先于被继承人死亡的，由被继承人的子女的直系晚辈血亲代位继承。

> 被继承人的兄弟姐妹先于被继承人死亡的,由被继承人的兄弟姐妹的子女代位继承。
>
> 代位继承人一般只能继承被代位继承人有权继承的遗产份额。

普法问答

1. 外孙子女、外曾孙子女可以代位继承吗?

《最高人民法院关于适用〈中华人民共和国民法典〉继承编的解释(一)》第十四条规定,被继承人的孙子女、外孙子女、曾孙子女、外曾孙子女都可以代位继承,代位继承人不受辈数的限制。

2. 继承人丧失继承权的,其晚辈直系血亲能够代位继承吗?

《最高人民法院关于适用〈中华人民共和国民法典〉继承编的解释(一)》第十七条规定,继承人丧失继承权的,其晚辈直系血亲不得代位继承。如该代位继承人缺乏劳动能力又没有生活来源,或者对被继承人尽赡养义务较多的,可以适当分给遗产。

关联规定

《最高人民法院关于适用〈中华人民共和国民法典〉继承编的解释(一)》第十四条至第十七条

第一千一百二十九条　丧偶儿媳、女婿的继承权

丧偶儿媳对公婆，丧偶女婿对岳父母，尽了主要赡养义务的，作为第一顺序继承人。

普法问答

丧偶儿媳再婚后，还能继承原公婆的遗产吗，其子女能代位继承吗？

《最高人民法院关于适用〈中华人民共和国民法典〉继承编的解释（一）》第十八条规定，丧偶儿媳对公婆、丧偶女婿对岳父母，无论其是否再婚，依照《民法典》第一千一百二十九条规定作为第一顺序继承人时，不影响其子女代位继承。

关联规定

《最高人民法院关于适用〈中华人民共和国民法典〉继承编的解释（一）》第十八条、第十九条

第一千一百三十条　遗产分配规则

同一顺序继承人继承遗产的份额，一般应当均等。

对生活有特殊困难又缺乏劳动能力的继承人，分配遗产时，应当予以照顾。

对被继承人尽了主要扶养义务或者与被继承人共同生活的继承人，分配遗产时，可以多分。

> 有扶养能力和有扶养条件的继承人，不尽扶养义务的，分配遗产时，应当不分或者少分。
>
> 继承人协商同意的，也可以不均等。

普法问答

1. 如何认定"尽了主要赡养义务或主要扶养义务"？

《最高人民法院关于适用〈中华人民共和国民法典〉继承编的解释（一）》第十九条规定，对被继承人生活提供了主要经济来源，或者在劳务等方面给予了主要扶助的，应当认定其尽了主要赡养义务或主要扶养义务。

2. 被继承人因有固定收入和劳动能力，明确表示不要求继承人扶养的，会影响继承人的继承份额吗？

《最高人民法院关于适用〈中华人民共和国民法典〉继承编的解释（一）》第二十二条规定，继承人有扶养能力和扶养条件，愿意尽扶养义务，但被继承人因有固定收入和劳动能力，明确表示不要求其扶养的，分配遗产时，一般不应因此而影响其继承份额。

关联规定

《最高人民法院关于适用〈中华人民共和国民法典〉继承编的解释（一）》第四条、第十六条、第十七条、第十九条、第二十二条、第二十三条、第四十三条

第一千一百三十一条　酌情分得遗产权

> 对继承人以外的依靠被继承人扶养的人，或者继承人以外的对被继承人扶养较多的人，可以分给适当的遗产。

关联规定

《最高人民法院关于适用〈中华人民共和国民法典〉继承编的解释（一）》第二十条、第二十一条、第四十一条

第一千一百三十二条　继承的处理方式

> 继承人应当本着互谅互让、和睦团结的精神，协商处理继承问题。遗产分割的时间、办法和份额，由继承人协商确定；协商不成的，可以由人民调解委员会调解或者向人民法院提起诉讼。

普法问答

1. 人民调解委员会调解民间纠纷，应当遵循哪些原则？

人民调解，是指人民调解委员会通过说服、疏导等方法，促使当事人在平等协商基础上自愿达成调解协议，解决民间纠纷的活动。《中华人民共和国人民调解法》（以下简称《人民调解法》）第三条规定，人民调解委员会调解民间纠纷，应当遵循下列原则：

（1）在当事人自愿、平等的基础上进行调解；
（2）不违背法律、法规和国家政策；

（3）尊重当事人的权利，不得因调解而阻止当事人依法通过仲裁、行政、司法等途径维护自己的权利。

2. 调解协议书可以载明哪些事项？

根据《人民调解法》第二十八条、第二十九条的规定，经人民调解委员会调解达成调解协议的，可以制作调解协议书。当事人认为无需制作调解协议书的，可以采取口头协议方式，人民调解员应当记录协议内容。

调解协议书可以载明下列事项：
（1）当事人的基本情况；
（2）纠纷的主要事实、争议事项以及各方当事人的责任；
（3）当事人达成调解协议的内容，履行的方式、期限。

调解协议书自各方当事人签名、盖章或者按指印，人民调解员签名并加盖人民调解委员会印章之日起生效。调解协议书由当事人各执一份，人民调解委员会留存一份。

关联规定

《人民调解法》；《最高人民法院关于适用〈中华人民共和国民事诉讼法〉的解释》第七十条

第三章　遗嘱继承和遗赠

第一千一百三十三条　遗嘱处分个人财产

自然人可以依照本法规定立遗嘱处分个人财产，并可以指定遗嘱执行人。

自然人可以立遗嘱将个人财产指定由法定继承人中的一人或者数人继承。

自然人可以立遗嘱将个人财产赠与国家、集体或者法定继承人以外的组织、个人。

自然人可以依法设立遗嘱信托。

关联规定

《中华人民共和国信托法》第十三条

第一千一百三十四条　自书遗嘱

自书遗嘱由遗嘱人亲笔书写，签名，注明年、月、日。

普法问答

遗书中的内容可按自书遗嘱对待的条件包括哪些？

《最高人民法院关于适用〈中华人民共和国民法典〉继承编的解释（一）》第二十七条规定，自然人在遗书中涉及死后个人财产处分的内容，确为死者的真实意思表示，有本人签名并注明了年、月、日，又无相反证据的，可以按自书遗嘱对待。

关联规定

《最高人民法院关于适用〈中华人民共和国民法典〉继承编的解释（一）》第二十七条

第一千一百三十五条　代书遗嘱

> 代书遗嘱应当有两个以上见证人在场见证，由其中一人代书，并由遗嘱人、代书人和其他见证人签名，注明年、月、日。

第一千一百三十六条　打印遗嘱

> 打印遗嘱应当有两个以上见证人在场见证。遗嘱人和见证人应当在遗嘱每一页签名，注明年、月、日。

第一千一百三十七条　录音录像遗嘱

以录音录像形式立的遗嘱，应当有两个以上见证人在场见证。遗嘱人和见证人应当在录音录像中记录其姓名或者肖像，以及年、月、日。

第一千一百三十八条　口头遗嘱

遗嘱人在危急情况下，可以立口头遗嘱。口头遗嘱应当有两个以上见证人在场见证。危急情况消除后，遗嘱人能够以书面或者录音录像形式立遗嘱的，所立的口头遗嘱无效。

关联规定

《最高人民法院关于适用〈中华人民共和国民事诉讼法〉的解释》第一百零九条

第一千一百三十九条　公证遗嘱

公证遗嘱由遗嘱人经公证机构办理。

普法问答

1. 可以委托他人代理申办遗嘱公证吗？

《公证程序规则》第十一条规定，当事人可以委托他人代理申办公证，但申办遗嘱、遗赠扶养协议、赠与、认领亲子、收养关系、解除收养关系、生存状况、委托、声明、保证及其他与自然人人身有密切关系的公证事项，应当由其本人亲自申办。

公证员、公证机构的其他工作人员不得代理当事人在本公证机构申办公证。

2. 申办遗嘱公证，遗嘱人应当提交哪些证件和材料？

《遗嘱公证细则》第七条规定，申办遗嘱公证，遗嘱人应当填写公证申请表，并提交下列证件和材料：

（1）居民身份证或者其他身份证件；

（2）遗嘱涉及的不动产、交通工具或者其他有产权凭证的财产的产权证明；

（3）公证人员认为应当提交的其他材料。

遗嘱人填写申请表确有困难的，可由公证人员代为填写，遗嘱人应当在申请表上签名。

3. 遗嘱应当包括哪些内容？

《遗嘱公证细则》第十三条规定，遗嘱应当包括以下内容：

（1）遗嘱人的姓名、性别、出生日期、住址；

（2）遗嘱处分的财产状况（名称、数量、所在地点以及是否共有、抵押等）；

（3）对财产和其他事务的具体处理意见；

（4）有遗嘱执行人的，应当写明执行人姓名、性别、年龄、住址等；

（5）遗嘱制作的日期以及遗嘱人的签名。

遗嘱中一般不得包括与处分财产及处理死亡后事宜无关的其他内容。

4. 什么情况下，公证人员与遗嘱人谈话时应当录音或者录像？

《遗嘱公证细则》第十六条规定，公证人员发现有下列情形之一的，公证人员在与遗嘱人谈话时应当录音或者录像：

（1）遗嘱人年老体弱；

（2）遗嘱人为危重伤病人；

（3）遗嘱人为聋、哑、盲人；

（4）遗嘱人为间歇性精神病患者、弱智者。

关联规定

《中华人民共和国公证法》；《公证程序规则》；《遗嘱公证细则》

第一千一百四十条　作为遗嘱见证人的消极条件

> 下列人员不能作为遗嘱见证人：
> （一）无民事行为能力人、限制民事行为能力人以及其他不具有见证能力的人；
> （二）继承人、受遗赠人；
> （三）与继承人、受遗赠人有利害关系的人。

普法问答

继承人、受遗赠人的债权人、债务人可以作为遗嘱的见证人吗？

《最高人民法院关于适用〈中华人民共和国民法典〉继承编的

解释（一）》第二十四条规定，继承人、受遗赠人的债权人、债务人，共同经营的合伙人，也应当视为与继承人、受遗赠人有利害关系，不能作为遗嘱的见证人。

关联规定

《最高人民法院关于适用〈中华人民共和国民法典〉继承编的解释（一）》第二十四条

第一千一百四十一条　必留份

> 遗嘱应当为缺乏劳动能力又没有生活来源的继承人保留必要的遗产份额。

关联规定

《最高人民法院关于适用〈中华人民共和国民法典〉继承编的解释（一）》第二十五条、第三十一条

第一千一百四十二条　遗嘱的撤回与变更

> 遗嘱人可以撤回、变更自己所立的遗嘱。
> 立遗嘱后，遗嘱人实施与遗嘱内容相反的民事法律行为的，视为对遗嘱相关内容的撤回。
> 立有数份遗嘱，内容相抵触的，以最后的遗嘱为准。

第一千一百四十三条　遗嘱无效的情形

无民事行为能力人或者限制民事行为能力人所立的遗嘱无效。

遗嘱必须表示遗嘱人的真实意思，受欺诈、胁迫所立的遗嘱无效。

伪造的遗嘱无效。

遗嘱被篡改的，篡改的内容无效。

关联规定

《最高人民法院关于适用〈中华人民共和国民法典〉继承编的解释（一）》第二十六条、第二十八条

第一千一百四十四条　附义务的遗嘱继承或遗赠

遗嘱继承或者遗赠附有义务的，继承人或者受遗赠人应当履行义务。没有正当理由不履行义务的，经利害关系人或者有关组织请求，人民法院可以取消其接受附义务部分遗产的权利。

关联规定

《最高人民法院关于适用〈中华人民共和国民法典〉继承编的解释（一）》第二十九条

第四章　遗产的处理

第一千一百四十五条　遗产管理人的选任

继承开始后,遗嘱执行人为遗产管理人;没有遗嘱执行人的,继承人应当及时推选遗产管理人;继承人未推选的,由继承人共同担任遗产管理人;没有继承人或者继承人均放弃继承的,由被继承人生前住所地的民政部门或者村民委员会担任遗产管理人。

第一千一百四十六条　法院指定遗产管理人

对遗产管理人的确定有争议的,利害关系人可以向人民法院申请指定遗产管理人。

第一千一百四十七条　遗产管理人的职责

遗产管理人应当履行下列职责:
(一)清理遗产并制作遗产清单;
(二)向继承人报告遗产情况;
(三)采取必要措施防止遗产毁损、灭失;
(四)处理被继承人的债权债务;
(五)按照遗嘱或者依照法律规定分割遗产;

(六）实施与管理遗产有关的其他必要行为。

第一千一百四十八条　遗产管理人的责任

遗产管理人应当依法履行职责，因故意或者重大过失造成继承人、受遗赠人、债权人损害的，应当承担民事责任。

第一千一百四十九条　遗产管理人的报酬

遗产管理人可以依照法律规定或者按照约定获得报酬。

第一千一百五十条　继承开始的通知

继承开始后，知道被继承人死亡的继承人应当及时通知其他继承人和遗嘱执行人。继承人中无人知道被继承人死亡或者知道被继承人死亡而不能通知的，由被继承人生前所在单位或者住所地的居民委员会、村民委员会负责通知。

关联规定

《最高人民法院关于适用〈中华人民共和国民法典〉继承编的解释（一）》第三十条

第一千一百五十一条　遗产的保管

存有遗产的人，应当妥善保管遗产，任何组织或者个人不得侵吞或者争抢。

关联规定

《最高人民法院关于适用〈中华人民共和国民法典〉继承编的解释（一）》第四十三条

第一千一百五十二条　转继承

继承开始后，继承人于遗产分割前死亡，并没有放弃继承的，该继承人应当继承的遗产转给其继承人，但是遗嘱另有安排的除外。

关联规定

《最高人民法院关于适用〈中华人民共和国民法典〉继承编的解释（一）》第三十八条

第一千一百五十三条　遗产的确定

夫妻共同所有的财产，除有约定的外，遗产分割时，应当先将共同所有的财产的一半分出为配偶所有，其余的为被继承人的遗产。

遗产在家庭共有财产之中的，遗产分割时，应当先分出他人的财产。

普法问答

什么情况下，合伙企业应当向合伙人的继承人退还被继承合伙人的财产份额？

《中华人民共和国合伙企业法》（以下简称《合伙企业法》）第五十条规定，合伙人死亡或者被依法宣告死亡的，对该合伙人在合伙企业中的财产份额享有合法继承权的继承人，按照合伙协议的约定或者经全体合伙人一致同意，从继承开始之日起，取得该合伙企业的合伙人资格。

有下列情形之一的，合伙企业应当向合伙人的继承人退还被继承合伙人的财产份额：

（1）继承人不愿意成为合伙人；

（2）法律规定或者合伙协议约定合伙人必须具有相关资格，而该继承人未取得该资格；

（3）合伙协议约定不能成为合伙人的其他情形。

合伙人的继承人为无民事行为能力人或者限制民事行为能力人的，经全体合伙人一致同意，可以依法成为有限合伙人，普通合伙企业依法转为有限合伙企业。全体合伙人未能一致同意的，合伙企业应当将被继承合伙人的财产份额退还该继承人。

关联规定

《合伙企业法》第五十条、第八十条

第一千一百五十四条　按法定继承办理

有下列情形之一的,遗产中的有关部分按照法定继承办理:
(一)遗嘱继承人放弃继承或者受遗赠人放弃受遗赠;
(二)遗嘱继承人丧失继承权或者受遗赠人丧失受遗赠权;
(三)遗嘱继承人、受遗赠人先于遗嘱人死亡或者终止;
(四)遗嘱无效部分所涉及的遗产;
(五)遗嘱未处分的遗产。

第一千一百五十五条　胎儿预留份

遗产分割时,应当保留胎儿的继承份额。胎儿娩出时是死体的,保留的份额按照法定继承办理。

关联规定

《民法典》第十六条;《最高人民法院关于适用〈中华人民共和国民法典〉继承编的解释(一)》第三十一条

第一千一百五十六条　遗产分割

遗产分割应当有利于生产和生活需要,不损害遗产的效用。

不宜分割的遗产,可以采取折价、适当补偿或者共有等方法处理。

关联规定

《最高人民法院关于适用〈中华人民共和国民法典〉继承编的解释（一）》第四十二条

第一千一百五十七条　再婚时对所继承遗产的处分

> 夫妻一方死亡后另一方再婚的，有权处分所继承的财产，任何组织或者个人不得干涉。

第一千一百五十八条　遗赠扶养协议

> 自然人可以与继承人以外的组织或者个人签订遗赠扶养协议。按照协议，该组织或者个人承担该自然人生养死葬的义务，享有受遗赠的权利。

普法问答

遗赠扶养协议解除后，已支付的供养费用能否退还？

《最高人民法院关于适用〈中华人民共和国民法典〉继承编的解释（一）》第四十条规定，继承人以外的组织或者个人与自然人签订遗赠扶养协议后，无正当理由不履行，导致协议解除的，不能享有受遗赠的权利，其支付的供养费用一般不予补偿；遗赠人无正当理由不履行，导致协议解除的，则应当偿还继承人以外的组织或者个人已支付的供养费用。

· 113 ·

关联规定

《最高人民法院关于适用〈中华人民共和国民法典〉继承编的解释（一）》第四十条

第一千一百五十九条 遗产分割时的义务

分割遗产，应当清偿被继承人依法应当缴纳的税款和债务；但是，应当为缺乏劳动能力又没有生活来源的继承人保留必要的遗产。

第一千一百六十条 无人继承的遗产的处理

无人继承又无人受遗赠的遗产，归国家所有，用于公益事业；死者生前是集体所有制组织成员的，归所在集体所有制组织所有。

关联规定

《最高人民法院关于适用〈中华人民共和国民法典〉继承编的解释（一）》第四十一条

第一千一百六十一条 限定继承

继承人以所得遗产实际价值为限清偿被继承人依法应当缴纳的税款和债务。超过遗产实际价值部分，继承人自愿偿还的不在此限。

继承人放弃继承的,对被继承人依法应当缴纳的税款和债务可以不负清偿责任。

第一千一百六十二条　遗赠与遗产债务清偿

执行遗赠不得妨碍清偿遗赠人依法应当缴纳的税款和债务。

第一千一百六十三条　既有法定继承又有遗嘱继承、遗赠时的债务清偿

既有法定继承又有遗嘱继承、遗赠的,由法定继承人清偿被继承人依法应当缴纳的税款和债务;超过法定继承遗产实际价值部分,由遗嘱继承人和受遗赠人按比例以所得遗产清偿。

附：

相关规定

婚姻登记条例

（2003年8月8日中华人民共和国国务院令第387号公布　根据2024年12月6日《国务院关于修改和废止部分行政法规的决定》第一次修订　2025年4月6日中华人民共和国国务院令第804号第二次修订）

第一章　总　则

第一条　为了规范婚姻登记工作，保障婚姻自由、一夫一妻、男女平等的婚姻制度的实施，保护婚姻当事人的合法权益，根据《中华人民共和国民法典》（以下简称民法典），制定本条例。

第二条　内地居民办理婚姻登记的机关是县级人民政府民政部门或者省、自治区、直辖市人民政府按照便民原则确定的乡（镇）人民政府。

中国公民同外国人，内地居民同香港特别行政区居民（以下简称香港居民）、澳门特别行政区居民（以下简称澳门居民）、台湾地区居民（以下简称台湾居民）、华侨办理婚姻登记的机关是省、自治区、直辖市人民政府民政部门或者省、自治区、直辖市人民政府民政部门确定的机关。

第三条　县级以上地方人民政府应当采取措施提升婚姻登记服务水平，加强对婚姻登记场所的规范化、便利化建设，为办理婚姻登记提供保障。

第四条 国务院民政部门统筹规划、完善全国婚姻基础信息库，会同外交、公安等有关部门以及最高人民法院建立健全信息共享机制，保障婚姻信息准确、及时、完整、安全。省、自治区、直辖市人民政府民政部门负责统筹本地区婚姻登记信息系统的建设、管理、维护和信息安全工作。

第五条 县级以上地方人民政府应当加强综合性婚姻家庭服务指导工作和婚姻家庭辅导服务体系建设，治理高额彩礼问题，倡导文明婚俗，促进家庭和谐，引导树立正确的婚恋观、生育观、家庭观。

婚姻登记机关应当提供婚姻家庭辅导服务，充分发挥婚姻家庭辅导师等专业人员和其他社会力量在婚前教育、婚姻家庭关系辅导等方面的作用。妇女联合会等组织协助和配合婚姻登记机关开展婚姻家庭辅导服务。

民政部门应当加强婚姻家庭辅导服务专业人员队伍建设，组织开展婚姻家庭辅导师职业培训，持续提升婚姻家庭辅导服务专业人员的职业素质和业务技能水平。

第六条 婚姻登记机关从事婚姻登记的工作人员应当接受婚姻登记业务培训，依照有关规定经考核合格，方可从事婚姻登记工作。

婚姻登记机关办理婚姻登记，不得收取费用。

婚姻登记机关及其工作人员在婚姻登记工作中发现疑似被拐卖、绑架的妇女的，应当依法及时向有关部门报告；发现当事人遭受家庭暴力或者面临家庭暴力的现实危险的，应当及时劝阻并告知受害人寻求救助的途径。

婚姻登记机关及其工作人员应当对在婚姻登记工作中知悉的个

人隐私、个人信息予以保密，不得泄露或者向他人非法提供。

第二章　结婚登记

第七条　内地居民结婚，男女双方应当亲自到婚姻登记机关共同申请结婚登记。

中国公民同外国人在中国内地结婚的，内地居民同香港居民、澳门居民、台湾居民、华侨在中国内地结婚的，男女双方应当亲自到本条例第二条第二款规定的婚姻登记机关共同申请结婚登记。

婚姻登记机关可以结合实际为结婚登记当事人提供预约、颁证仪式等服务。鼓励当事人邀请双方父母等参加颁证仪式。

第八条　申请结婚登记的内地居民应当出具下列证件和书面材料：

（一）本人的居民身份证；

（二）本人无配偶以及与对方当事人没有直系血亲和三代以内旁系血亲关系的签字声明。

申请结婚登记的香港居民、澳门居民、台湾居民应当出具下列证件和书面材料：

（一）本人的有效通行证或者港澳台居民居住证、身份证；

（二）经居住地公证机构公证的本人无配偶以及与对方当事人没有直系血亲和三代以内旁系血亲关系的声明。

申请结婚登记的华侨应当出具下列证件和书面材料：

（一）本人的有效护照；

（二）居住国公证机构或者有权机关出具的、经中华人民共和国驻该国使（领）馆认证的本人无配偶以及与对方当事人没有直系血亲和三代以内旁系血亲关系的证明，或者中华人民共和国驻该国使（领）馆出具的本人无配偶以及与对方当事人没有直系血亲和三代以内旁系血亲关系的证明。中华人民共和国缔结或者参加的国际条约另有规定的，按照国际条约规定的证明手续办理。

申请结婚登记的外国人应当出具下列证件和书面材料：

（一）本人的有效护照或者其他有效的国际旅行证件，或者外国人永久居留身份证等中国政府主管机关签发的身份证件；

（二）所在国公证机构或者有权机关出具的、经中华人民共和国驻该国使（领）馆认证或者该国驻华使（领）馆认证的本人无配偶的证明，或者所在国驻华使（领）馆出具的本人无配偶的证明。中华人民共和国缔结或者参加的国际条约另有规定的，按照国际条约规定的证明手续办理。

申请结婚登记的当事人对外国主管机关依据本条第三款、第四款提及的国际条约出具的证明文书的真实性负责，并签署书面声明。

第九条 申请结婚登记的当事人有下列情形之一的，婚姻登记机关不予登记：

（一）未到法定结婚年龄的；

（二）非男女双方完全自愿的；

（三）一方或者双方已有配偶的；

（四）属于直系血亲或者三代以内旁系血亲的。

第十条 婚姻登记机关应当核对结婚登记当事人出具的证件、书面材料，询问相关情况，并对当事人的身份以及婚姻状况信息进行联网核对，依法维护当事人的权益。对当事人符合结婚条件的，应当当场予以登记，发给结婚证；对当事人不符合结婚条件不予登记的，应当向当事人说明理由。

第十一条 要求结婚的男女双方未办理结婚登记的，应当补办登记。男女双方补办结婚登记的，适用本条例结婚登记的规定。

第十二条 因胁迫结婚的,受胁迫的当事人可以依据民法典第一千零五十二条的规定向人民法院请求撤销婚姻。一方当事人患有重大疾病的,应当在结婚登记前如实告知另一方当事人;不如实告知的,另一方当事人可以依据民法典第一千零五十三条的规定向人民法院请求撤销婚姻。

第三章 离 婚 登 记

第十三条 内地居民自愿离婚的,男女双方应当签订书面离婚协议,亲自到婚姻登记机关共同申请离婚登记。

中国公民同外国人在中国内地自愿离婚的,内地居民同香港居民、澳门居民、台湾居民、华侨在中国内地自愿离婚的,男女双方应当签订书面离婚协议,亲自到本条例第二条第二款规定的婚姻登记机关共同申请离婚登记。

离婚协议应当载明双方自愿离婚的意思表示和对子女抚养、财产以及债务处理等事项协商一致的意见。

第十四条 申请离婚登记的当事人有下列情形之一的,婚姻登记机关不予受理:

(一)未达成离婚协议的;

(二)属于无民事行为能力人或者限制民事行为能力人的;

(三)其结婚登记不是在中国内地办理的。

第十五条 申请离婚登记的内地居民应当出具下列证件:

(一)本人的居民身份证;

(二)本人的结婚证。

申请离婚登记的香港居民、澳门居民、台湾居民、华侨、外国人除应当出具前款第二项规定的证件外,香港居民、澳门居民、台湾居民还应当出具本人的有效通行证或者港澳台居民居住证、身证；华侨、外国人还应当出具本人的有效护照或者其他有效的国际旅行证件，或者外国人永久居留身份证等中国政府主管机关签发的身份证件。

第十六条 婚姻登记机关应当在法律规定期限内，根据当事人的申请，核对离婚登记当事人出具的证件、书面材料并询问相关情况。对当事人确属自愿离婚，并已经对子女抚养、财产以及债务处理等事项协商一致，男女双方亲自到收到离婚登记申请的婚姻登记机关共同申请发给离婚证的，婚姻登记机关应当当场予以登记，发给离婚证。

当事人未在法律规定期限内申请发给离婚证的，视为撤回离婚登记申请，离婚登记程序终止。

第十七条 婚姻登记机关在办理离婚登记过程中，可以根据情况及时对离婚登记当事人开展心理辅导、调解等工作。

第十八条 离婚后，男女双方自愿恢复婚姻关系的，应当依照本条例规定到婚姻登记机关重新申请结婚登记。

第四章 婚姻登记档案管理

第十九条 婚姻登记机关应当建立婚姻登记档案。婚姻登记档案应当长期保管并按规定为当事人或者有权机关提供查询服务。具体管理办法由国务院民政部门会同国家档案管理部门规定。

第二十条 婚姻登记机关收到人民法院确认婚姻无效或者撤销婚姻的判决书副本后，应当在当事人的婚姻登记档案中及时备注婚姻无效或者撤销婚姻的信息，并将相关信息上传至全国婚姻基础信息库。

第二十一条 当事人需要补领结婚证或者离婚证的，可以持居民身份证或者本条例第八条第二款至第四款规定的有效身份证件向婚姻登记机关申请办理。

婚姻登记机关对当事人的婚姻登记档案进行查证，确认属实的，应当为当事人补发结婚证或者离婚证。

第五章　法　律　责　任

第二十二条　婚姻登记机关及其工作人员有下列行为之一的，对负有责任的领导人员和直接责任人员依法依规给予处分：

（一）为不符合婚姻登记条件的当事人办理婚姻登记的；

（二）违反规定泄露或者向他人非法提供婚姻登记工作中知悉的个人隐私或者个人信息的；

（三）玩忽职守造成婚姻登记档案损毁、灭失的；

（四）办理婚姻登记收取费用的；

（五）其他违反本条例规定的行为。

违反前款第四项规定收取的费用，应当退还当事人。

第二十三条　当事人应当对所出具证件和书面材料的真实性、合法性负责，出具虚假证件或者书面材料的，应当承担相应法律责任，相关信息按照国家有关规定记入信用记录，并纳入全国信用信息共享平台。

第二十四条　违反本条例规定，构成违反治安管理行为的，依法给予治安管理处罚；构成犯罪的，依法追究刑事责任。

第六章　附　　则

第二十五条　中华人民共和国驻外使（领）馆可以依照本条例的有关规定，为男女双方均居住于驻在国的中国公民办理婚姻登记。

第二十六条　男女双方均非内地居民的中国公民在内地办理婚

姻登记的具体办法，由国务院民政部门另行制定。

第二十七条 本条例规定的婚姻登记证由国务院民政部门规定式样并监制。

第二十八条 本条例自 2025 年 5 月 10 日起施行。

最高人民法院关于审理涉彩礼纠纷案件适用法律若干问题的规定

（2023 年 11 月 13 日最高人民法院审判委员会第 1905 次会议通过 2024 年 1 月 17 日最高人民法院公告公布 自 2024 年 2 月 1 日起施行 法释〔2024〕1 号）

为正确审理涉彩礼纠纷案件，根据《中华人民共和国民法典》、《中华人民共和国民事诉讼法》等法律规定，结合审判实践，制定本规定。

第一条 以婚姻为目的依据习俗给付彩礼后，因要求返还产生的纠纷，适用本规定。

第二条 禁止借婚姻索取财物。一方以彩礼为名借婚姻索取财物，另一方要求返还的，人民法院应予支持。

第三条 人民法院在审理涉彩礼纠纷案件中，可以根据一方给付财物的目的，综合考虑双方当地习俗、给付的时间和方式、财物价值、给付人及接收人等事实，认定彩礼范围。

下列情形给付的财物，不属于彩礼：

（一）一方在节日、生日等有特殊纪念意义时点给付的价值不大的礼物、礼金；

（二）一方为表达或者增进感情的日常消费性支出；

（三）其他价值不大的财物。

第四条 婚约财产纠纷中，婚约一方及其实际给付彩礼的父母可以作为共同原告；婚约另一方及其实际接收彩礼的父母可以作为共同被告。

离婚纠纷中，一方提出返还彩礼诉讼请求的，当事人仍为夫妻双方。

第五条 双方已办理结婚登记且共同生活，离婚时一方请求返还按照习俗给付的彩礼的，人民法院一般不予支持。但是，如果共同生活时间较短且彩礼数额过高的，人民法院可以根据彩礼实际使用及嫁妆情况，综合考虑彩礼数额、共同生活及孕育情况、双方过错等事实，结合当地习俗，确定是否返还以及返还的具体比例。

人民法院认定彩礼数额是否过高，应当综合考虑彩礼给付方所在地居民人均可支配收入、给付方家庭经济情况以及当地习俗等因素。

第六条 双方未办理结婚登记但已共同生活，一方请求返还按照习俗给付的彩礼的，人民法院应当根据彩礼实际使用及嫁妆情况，综合考虑共同生活及孕育情况、双方过错等事实，结合当地习俗，确定是否返还以及返还的具体比例。

第七条 本规定自 2024 年 2 月 1 日起施行。

本规定施行后，人民法院尚未审结的一审、二审案件适用本规定。本规定施行前已经终审、施行后当事人申请再审或者按照审判监督程序决定再审的案件，不适用本规定。

最高人民法院关于适用
《中华人民共和国民法典》
婚姻家庭编的解释（一）

(2020年12月25日最高人民法院审判委员会第1825次会议通过 2020年12月29日最高人民法院公告公布 自2021年1月1日起施行 法释〔2020〕22号)

为正确审理婚姻家庭纠纷案件，根据《中华人民共和国民法典》《中华人民共和国民事诉讼法》等相关法律规定，结合审判实践，制定本解释。

一、一般规定

第一条 持续性、经常性的家庭暴力，可以认定为民法典第一千零四十二条、第一千零七十九条、第一千零九十一条所称的"虐待"。

第二条 民法典第一千零四十二条、第一千零七十九条、第一千零九十一条规定的"与他人同居"的情形，是指有配偶者与婚外异性，不以夫妻名义，持续、稳定地共同居住。

第三条 当事人提起诉讼仅请求解除同居关系的，人民法院不予受理；已经受理的，裁定驳回起诉。

当事人因同居期间财产分割或者子女抚养纠纷提起诉讼的，人民法院应当受理。

第四条 当事人仅以民法典第一千零四十三条为依据提起诉讼

的，人民法院不予受理；已经受理的，裁定驳回起诉。

第五条 当事人请求返还按照习俗给付的彩礼的，如果查明属于以下情形，人民法院应当予以支持：

（一）双方未办理结婚登记手续；

（二）双方办理结婚登记手续但确未共同生活；

（三）婚前给付并导致给付人生活困难。

适用前款第二项、第三项的规定，应当以双方离婚为条件。

二、结　　婚

第六条 男女双方依据民法典第一千零四十九条规定补办结婚登记的，婚姻关系的效力从双方均符合民法典所规定的结婚的实质要件时起算。

第七条 未依据民法典第一千零四十九条规定办理结婚登记而以夫妻名义共同生活的男女，提起诉讼要求离婚的，应当区别对待：

（一）1994年2月1日民政部《婚姻登记管理条例》公布实施以前，男女双方已经符合结婚实质要件的，按事实婚姻处理。

（二）1994年2月1日民政部《婚姻登记管理条例》公布实施以后，男女双方符合结婚实质要件的，人民法院应当告知其补办结婚登记。未补办结婚登记的，依据本解释第三条规定处理。

第八条 未依据民法典第一千零四十九条规定办理结婚登记而以夫妻名义共同生活的男女，一方死亡，另一方以配偶身份主张享有继承权的，依据本解释第七条的原则处理。

第九条 有权依据民法典第一千零五十一条规定向人民法院就已办理结婚登记的婚姻请求确认婚姻无效的主体，包括婚姻当事人及利害关系人。其中，利害关系人包括：

（一）以重婚为由的，为当事人的近亲属及基层组织；

（二）以未到法定婚龄为由的，为未到法定婚龄者的近亲属；

（三）以有禁止结婚的亲属关系为由的，为当事人的近亲属。

第十条 当事人依据民法典第一千零五十一条规定向人民法院请求确认婚姻无效，法定的无效婚姻情形在提起诉讼时已经消失的，人民法院不予支持。

第十一条 人民法院受理请求确认婚姻无效案件后，原告申请撤诉的，不予准许。

对婚姻效力的审理不适用调解，应当依法作出判决。

涉及财产分割和子女抚养的，可以调解。调解达成协议的，另行制作调解书；未达成调解协议的，应当一并作出判决。

第十二条 人民法院受理离婚案件后，经审理确属无效婚姻的，应当将婚姻无效的情形告知当事人，并依法作出确认婚姻无效的判决。

第十三条 人民法院就同一婚姻关系分别受理了离婚和请求确认婚姻无效案件的，对于离婚案件的审理，应当待请求确认婚姻无效案件作出判决后进行。

第十四条 夫妻一方或者双方死亡后，生存一方或者利害关系人依据民法典第一千零五十一条的规定请求确认婚姻无效的，人民法院应当受理。

第十五条 利害关系人依据民法典第一千零五十一条的规定，请求人民法院确认婚姻无效的，利害关系人为原告，婚姻关系当事人双方为被告。

夫妻一方死亡的，生存一方为被告。

第十六条 人民法院审理重婚导致的无效婚姻案件时，涉及财产处理的，应当准许合法婚姻当事人作为有独立请求权的第三人参加诉讼。

第十七条 当事人以民法典第一千零五十一条规定的三种无效婚姻以外的情形请求确认婚姻无效的,人民法院应当判决驳回当事人的诉讼请求。

当事人以结婚登记程序存在瑕疵为由提起民事诉讼,主张撤销结婚登记的,告知其可以依法申请行政复议或者提起行政诉讼。

第十八条 行为人以给另一方当事人或者其近亲属的生命、身体、健康、名誉、财产等方面造成损害为要挟,迫使另一方当事人违背真实意愿结婚的,可以认定为民法典第一千零五十二条所称的"胁迫"。

因受胁迫而请求撤销婚姻的,只能是受胁迫一方的婚姻关系当事人本人。

第十九条 民法典第一千零五十二条规定的"一年",不适用诉讼时效中止、中断或者延长的规定。

受胁迫或者被非法限制人身自由的当事人请求撤销婚姻的,不适用民法典第一百五十二条第二款的规定。

第二十条 民法典第一千零五十四条所规定的"自始没有法律约束力",是指无效婚姻或者可撤销婚姻在依法被确认无效或者被撤销时,才确定该婚姻自始不受法律保护。

第二十一条 人民法院根据当事人的请求,依法确认婚姻无效或者撤销婚姻的,应当收缴双方的结婚证书并将生效的判决书寄送当地婚姻登记管理机关。

第二十二条 被确认无效或者被撤销的婚姻,当事人同居期间所得的财产,除有证据证明为当事人一方所有的以外,按共同共有处理。

三、夫妻关系

第二十三条　夫以妻擅自中止妊娠侵犯其生育权为由请求损害赔偿的，人民法院不予支持；夫妻双方因是否生育发生纠纷，致使感情确已破裂，一方请求离婚的，人民法院经调解无效，应依照民法典第一千零七十九条第三款第五项的规定处理。

第二十四条　民法典第一千零六十二条第一款第三项规定的"知识产权的收益"，是指婚姻关系存续期间，实际取得或者已经明确可以取得的财产性收益。

第二十五条　婚姻关系存续期间，下列财产属于民法典第一千零六十二条规定的"其他应当归共同所有的财产"：

（一）一方以个人财产投资取得的收益；

（二）男女双方实际取得或者应当取得的住房补贴、住房公积金；

（三）男女双方实际取得或者应当取得的基本养老金、破产安置补偿费。

第二十六条　夫妻一方个人财产在婚后产生的收益，除孳息和自然增值外，应认定为夫妻共同财产。

第二十七条　由一方婚前承租、婚后用共同财产购买的房屋，登记在一方名下的，应当认定为夫妻共同财产。

第二十八条　一方未经另一方同意出售夫妻共同所有的房屋，第三人善意购买、支付合理对价并已办理不动产登记，另一方主张追回该房屋的，人民法院不予支持。

夫妻一方擅自处分共同所有的房屋造成另一方损失，离婚时另一方请求赔偿损失的，人民法院应予支持。

第二十九条　当事人结婚前，父母为双方购置房屋出资的，该出资应当认定为对自己子女个人的赠与，但父母明确表示赠与双方的除外。

当事人结婚后，父母为双方购置房屋出资的，依照约定处理；没有约定或者约定不明确的，按照民法典第一千零六十二条第一款第四项规定的原则处理。

第三十条 军人的伤亡保险金、伤残补助金、医药生活补助费属于个人财产。

第三十一条 民法典第一千零六十三条规定为夫妻一方的个人财产，不因婚姻关系的延续而转化为夫妻共同财产。但当事人另有约定的除外。

第三十二条 婚前或者婚姻关系存续期间，当事人约定将一方所有的房产赠与另一方或者共有，赠与方在赠与房产变更登记之前撤销赠与，另一方请求判令继续履行的，人民法院可以按照民法典第六百五十八条的规定处理。

第三十三条 债权人就一方婚前所负个人债务向债务人的配偶主张权利的，人民法院不予支持。但债权人能够证明所负债务用于婚后家庭共同生活的除外。

第三十四条 夫妻一方与第三人串通，虚构债务，第三人主张该债务为夫妻共同债务的，人民法院不予支持。

夫妻一方在从事赌博、吸毒等违法犯罪活动中所负债务，第三人主张该债务为夫妻共同债务的，人民法院不予支持。

第三十五条 当事人的离婚协议或者人民法院生效判决、裁定、调解书已经对夫妻财产分割问题作出处理的，债权人仍有权就夫妻共同债务向男女双方主张权利。

一方就夫妻共同债务承担清偿责任后，主张由另一方按照离婚协议或者人民法院的法律文书承担相应债务的，人民法院应予支持。

第三十六条 夫或者妻一方死亡的，生存一方应当对婚姻关系存续期间的夫妻共同债务承担清偿责任。

第三十七条 民法典第一千零六十五条第三款所称"相对人知道该约定的"，夫妻一方对此负有举证责任。

第三十八条 婚姻关系存续期间，除民法典第一千零六十六条规定情形以外，夫妻一方请求分割共同财产的，人民法院不予支持。

四、父母子女关系

第三十九条 父或者母向人民法院起诉请求否认亲子关系，并已提供必要证据予以证明，另一方没有相反证据又拒绝做亲子鉴定的，人民法院可以认定否认亲子关系一方的主张成立。

父或者母以及成年子女起诉请求确认亲子关系，并提供必要证据予以证明，另一方没有相反证据又拒绝做亲子鉴定的，人民法院可以认定确认亲子关系一方的主张成立。

第四十条 婚姻关系存续期间，夫妻双方一致同意进行人工授精，所生子女应视为婚生子女，父母子女间的权利义务关系适用民法典的有关规定。

第四十一条 尚在校接受高中及其以下学历教育，或者丧失、部分丧失劳动能力等非因主观原因而无法维持正常生活的成年子女，可以认定为民法典第一千零六十七条规定的"不能独立生活的成年子女"。

第四十二条 民法典第一千零六十七条所称"抚养费"，包括子女生活费、教育费、医疗费等费用。

第四十三条 婚姻关系存续期间，父母双方或者一方拒不履行抚养子女义务，未成年子女或者不能独立生活的成年子女请求支付抚养费的，人民法院应予支持。

第四十四条 离婚案件涉及未成年子女抚养的，对不满两周岁的子女，按照民法典第一千零八十四条第三款规定的原则处理。母亲有下列情形之一，父亲请求直接抚养的，人民法院应予支持：

（一）患有久治不愈的传染性疾病或者其他严重疾病，子女不宜与其共同生活；

（二）有抚养条件不尽抚养义务，而父亲要求子女随其生活的；

（三）因其他原因，子女确不宜随母亲生活。

第四十五条 父母双方协议不满两周岁子女由父亲直接抚养，并对子女健康成长无不利影响的，人民法院应予支持。

第四十六条 对已满两周岁的未成年子女，父母均要求直接抚养，一方有下列情形之一的，可予优先考虑：

（一）已做绝育手术或者因其他原因丧失生育能力；

（二）子女随其生活时间较长，改变生活环境对子女健康成长明显不利；

（三）无其他子女，而另一方有其他子女；

（四）子女随其生活，对子女成长有利，而另一方患有久治不愈的传染性疾病或者其他严重疾病，或者有其他不利于子女身心健康的情形，不宜与子女共同生活。

第四十七条 父母抚养子女的条件基本相同，双方均要求直接抚养子女，但子女单独随祖父母或者外祖父母共同生活多年，且祖父母或者外祖父母要求并且有能力帮助子女照顾孙子女或者外孙子女的，可以作为父或者母直接抚养子女的优先条件予以考虑。

第四十八条 在有利于保护子女利益的前提下，父母双方协议轮流直接抚养子女的，人民法院应予支持。

第四十九条 抚养费的数额，可以根据子女的实际需要、父母双方的负担能力和当地的实际生活水平确定。

有固定收入的，抚养费一般可以按其月总收入的百分之二十至三十的比例给付。负担两个以上子女抚养费的，比例可以适当提高，但一般不得超过月总收入的百分之五十。

无固定收入的，抚养费的数额可以依据当年总收入或者同行业平均收入，参照上述比例确定。

有特殊情况的，可以适当提高或者降低上述比例。

第五十条 抚养费应当定期给付，有条件的可以一次性给付。

第五十一条 父母一方无经济收入或者下落不明的，可以用其财物折抵抚养费。

第五十二条 父母双方可以协议由一方直接抚养子女并由直接抚养方负担子女全部抚养费。但是，直接抚养方的抚养能力明显不能保障子女所需费用，影响子女健康成长的，人民法院不予支持。

第五十三条 抚养费的给付期限，一般至子女十八周岁为止。

十六周岁以上不满十八周岁，以其劳动收入为主要生活来源，并能维持当地一般生活水平的，父母可以停止给付抚养费。

第五十四条 生父与继母离婚或者生母与继父离婚时，对曾受其抚养教育的继子女，继父或者继母不同意继续抚养的，仍应由生父或者生母抚养。

第五十五条 离婚后，父母一方要求变更子女抚养关系的，或者子女要求增加抚养费的，应当另行提起诉讼。

第五十六条 具有下列情形之一，父母一方要求变更子女抚养关系的，人民法院应予支持：

（一）与子女共同生活的一方因患严重疾病或者因伤残无力继续抚养子女；

（二）与子女共同生活的一方不尽抚养义务或有虐待子女行为，或者其与子女共同生活对子女身心健康确有不利影响；

（三）已满八周岁的子女，愿随另一方生活，该方又有抚养能力；

（四）有其他正当理由需要变更。

第五十七条　父母双方协议变更子女抚养关系的，人民法院应予支持。

第五十八条　具有下列情形之一，子女要求有负担能力的父或者母增加抚养费的，人民法院应予支持：

（一）原定抚养费数额不足以维持当地实际生活水平；

（二）因子女患病、上学，实际需要已超过原定数额；

（三）有其他正当理由应当增加。

第五十九条　父母不得因子女变更姓氏而拒付子女抚养费。父或者母擅自将子女姓氏改为继母或继父姓氏而引起纠纷的，应当责令恢复原姓氏。

第六十条　在离婚诉讼期间，双方均拒绝抚养子女的，可以先行裁定暂由一方抚养。

第六十一条　对拒不履行或者妨害他人履行生效判决、裁定、调解书中有关子女抚养义务的当事人或者其他人，人民法院可依照民事诉讼法第一百一十一条的规定采取强制措施。

五、离　　婚

第六十二条　无民事行为能力人的配偶有民法典第三十六条第一款规定行为，其他有监护资格的人可以要求撤销其监护资格，并依法指定新的监护人；变更后的监护人代理无民事行为能力一方提起离婚诉讼的，人民法院应予受理。

第六十三条 人民法院审理离婚案件，符合民法典第一千零七十九条第三款规定"应当准予离婚"情形的，不应当因当事人有过错而判决不准离婚。

第六十四条 民法典第一千零八十一条所称的"军人一方有重大过错"，可以依据民法典第一千零七十九条第三款前三项规定及军人有其他重大过错导致夫妻感情破裂的情形予以判断。

第六十五条 人民法院作出的生效的离婚判决中未涉及探望权，当事人就探望权问题单独提起诉讼的，人民法院应予受理。

第六十六条 当事人在履行生效判决、裁定或者调解书的过程中，一方请求中止探望的，人民法院在征询双方当事人意见后，认为需要中止探望的，依法作出裁定；中止探望的情形消失后，人民法院应当根据当事人的请求书面通知其恢复探望。

第六十七条 未成年子女、直接抚养子女的父或者母以及其他对未成年子女负担抚养、教育、保护义务的法定监护人，有权向人民法院提出中止探望的请求。

第六十八条 对于拒不协助另一方行使探望权的有关个人或者组织，可以由人民法院依法采取拘留、罚款等强制措施，但是不能对子女的人身、探望行为进行强制执行。

第六十九条 当事人达成的以协议离婚或者到人民法院调解离婚为条件的财产以及债务处理协议，如果双方离婚未成，一方在离婚诉讼中反悔的，人民法院应当认定该财产以及债务处理协议没有生效，并根据实际情况依照民法典第一千零八十七条和第一千零八十九条的规定判决。

当事人依照民法典第一千零七十六条签订的离婚协议中关于财产以及债务处理的条款，对男女双方具有法律约束力。登记离婚后当事人因履行上述协议发生纠纷提起诉讼的，人民法院应当受理。

第七十条 夫妻双方协议离婚后就财产分割问题反悔,请求撤销财产分割协议的,人民法院应当受理。

人民法院审理后,未发现订立财产分割协议时存在欺诈、胁迫等情形的,应当依法驳回当事人的诉讼请求。

第七十一条 人民法院审理离婚案件,涉及分割发放到军人名下的复员费、自主择业费等一次性费用的,以夫妻婚姻关系存续年限乘以年平均值,所得数额为夫妻共同财产。

前款所称年平均值,是指将发放到军人名下的上述费用总额按具体年限均分得出的数额。其具体年限为人均寿命七十岁与军人入伍时实际年龄的差额。

第七十二条 夫妻双方分割共同财产中的股票、债券、投资基金份额等有价证券以及未上市股份有限公司股份时,协商不成或者按市价分配有困难的,人民法院可以根据数量按比例分配。

第七十三条 人民法院审理离婚案件,涉及分割夫妻共同财产中以一方名义在有限责任公司的出资额,另一方不是该公司股东的,按以下情形分别处理:

(一)夫妻双方协商一致将出资额部分或者全部转让给该股东的配偶,其他股东过半数同意,并且其他股东均明确表示放弃优先购买权的,该股东的配偶可以成为该公司股东;

(二)夫妻双方就出资额转让份额和转让价格等事项协商一致后,其他股东半数以上不同意转让,但愿意以同等条件购买该出资额的,人民法院可以对转让出资所得财产进行分割。其他股东半数以上不同意转让,也不愿意以同等条件购买该出资额的,视为其同意转让,该股东的配偶可以成为该公司股东。

用于证明前款规定的股东同意的证据,可以是股东会议材料,也可以是当事人通过其他合法途径取得的股东的书面声明材料。

第七十四条　人民法院审理离婚案件，涉及分割夫妻共同财产中以一方名义在合伙企业中的出资，另一方不是该企业合伙人的，当夫妻双方协商一致，将其合伙企业中的财产份额全部或者部分转让给对方时，按以下情形分别处理：

（一）其他合伙人一致同意的，该配偶依法取得合伙人地位；

（二）其他合伙人不同意转让，在同等条件下行使优先购买权的，可以对转让所得的财产进行分割；

（三）其他合伙人不同意转让，也不行使优先购买权，但同意该合伙人退伙或者削减部分财产份额的，可以对结算后的财产进行分割；

（四）其他合伙人既不同意转让，也不行使优先购买权，又不同意该合伙人退伙或者削减部分财产份额的，视为全体合伙人同意转让，该配偶依法取得合伙人地位。

第七十五条　夫妻以一方名义投资设立个人独资企业的，人民法院分割夫妻在该个人独资企业中的共同财产时，应当按照以下情形分别处理：

（一）一方主张经营该企业的，对企业资产进行评估后，由取得企业资产所有权一方给予另一方相应的补偿；

（二）双方均主张经营该企业的，在双方竞价基础上，由取得企业资产所有权的一方给予另一方相应的补偿；

（三）双方均不愿意经营该企业的，按照《中华人民共和国个人独资企业法》等有关规定办理。

第七十六条　双方对夫妻共同财产中的房屋价值及归属无法达成协议时，人民法院按以下情形分别处理：

（一）双方均主张房屋所有权并且同意竞价取得的，应当准许；

（二）一方主张房屋所有权的，由评估机构按市场价格对房屋作出评估，取得房屋所有权的一方应当给予另一方相应的补偿；

（三）双方均不主张房屋所有权的，根据当事人的申请拍卖、变卖房屋，就所得价款进行分割。

第七十七条 离婚时双方对尚未取得所有权或者尚未取得完全所有权的房屋有争议且协商不成的，人民法院不宜判决房屋所有权的归属，应当根据实际情况判决由当事人使用。

当事人就前款规定的房屋取得完全所有权后，有争议的，可以另行向人民法院提起诉讼。

第七十八条 夫妻一方婚前签订不动产买卖合同，以个人财产支付首付款并在银行贷款，婚后用夫妻共同财产还贷，不动产登记于首付款支付方名下的，离婚时该不动产由双方协议处理。

依前款规定不能达成协议的，人民法院可以判决该不动产归登记一方，尚未归还的贷款为不动产登记一方的个人债务。双方婚后共同还贷支付的款项及其相对应财产增值部分，离婚时应根据民法典第一千零八十七条第一款规定的原则，由不动产登记一方对另一方进行补偿。

第七十九条 婚姻关系存续期间，双方用夫妻共同财产出资购买以一方父母名义参加房改的房屋，登记在一方父母名下，离婚时另一方主张按照夫妻共同财产对该房屋进行分割的，人民法院不予支持。购买该房屋时的出资，可以作为债权处理。

第八十条 离婚时夫妻一方尚未退休、不符合领取基本养老金条件，另一方请求按照夫妻共同财产分割基本养老金的，人民法院不予支持；婚后以夫妻共同财产缴纳基本养老保险费，离婚时一方主张将养老金账户中婚姻关系存续期间个人实际缴纳部分及利息作为夫妻共同财产分割的，人民法院应予支持。

第八十一条 婚姻关系存续期间，夫妻一方作为继承人依法可以继承的遗产，在继承人之间尚未实际分割，起诉离婚时另一方请求分割的，人民法院应当告知当事人在继承人之间实际分割遗产后另行起诉。

第八十二条　夫妻之间订立借款协议，以夫妻共同财产出借给一方从事个人经营活动或者用于其他个人事务的，应视为双方约定处分夫妻共同财产的行为，离婚时可以按照借款协议的约定处理。

第八十三条　离婚后，一方以尚有夫妻共同财产未处理为由向人民法院起诉请求分割的，经审查该财产确属离婚时未涉及的夫妻共同财产，人民法院应当依法予以分割。

第八十四条　当事人依据民法典第一千零九十二条的规定向人民法院提起诉讼，请求再次分割夫妻共同财产的诉讼时效期间为三年，从当事人发现之日起计算。

第八十五条　夫妻一方申请对配偶的个人财产或者夫妻共同财产采取保全措施的，人民法院可以在采取保全措施可能造成损失的范围内，根据实际情况，确定合理的财产担保数额。

第八十六条　民法典第一千零九十一条规定的"损害赔偿"，包括物质损害赔偿和精神损害赔偿。涉及精神损害赔偿的，适用《最高人民法院关于确定民事侵权精神损害赔偿责任若干问题的解释》的有关规定。

第八十七条　承担民法典第一千零九十一条规定的损害赔偿责任的主体，为离婚诉讼当事人中无过错方的配偶。

人民法院判决不准离婚的案件，对于当事人基于民法典第一千零九十一条提出的损害赔偿请求，不予支持。

在婚姻关系存续期间，当事人不起诉离婚而单独依据民法典第一千零九十一条提起损害赔偿请求的，人民法院不予受理。

第八十八条　人民法院受理离婚案件时，应当将民法典第一千零九十一条等规定中当事人的有关权利义务，书面告知当事人。在适用民法典第一千零九十一条时，应当区分以下不同情况：

（一）符合民法典第一千零九十一条规定的无过错方作为原告基于该条规定向人民法院提起损害赔偿请求的，必须在离婚诉讼的同时提出。

（二）符合民法典第一千零九十一条规定的无过错方作为被告的离婚诉讼案件，如果被告不同意离婚也不基于该条规定提起损害赔偿请求的，可以就此单独提起诉讼。

（三）无过错方作为被告的离婚诉讼案件，一审时被告未基于民法典第一千零九十一条规定提出损害赔偿请求，二审期间提出的，人民法院应当进行调解；调解不成的，告知当事人另行起诉。双方当事人同意由第二审人民法院一并审理的，第二审人民法院可以一并裁判。

第八十九条　当事人在婚姻登记机关办理离婚登记手续后，以民法典第一千零九十一条规定为由向人民法院提出损害赔偿请求的，人民法院应当受理。但当事人在协议离婚时已经明确表示放弃该项请求的，人民法院不予支持。

第九十条　夫妻双方均有民法典第一千零九十一条规定的过错情形，一方或者双方向对方提出离婚损害赔偿请求的，人民法院不予支持。

六、附　　则

第九十一条　本解释自 2021 年 1 月 1 日起施行。

最高人民法院关于适用《中华人民共和国民法典》婚姻家庭编的解释（二）

（2024年11月25日最高人民法院审判委员会第1933次会议通过 2025年1月15日最高人民法院公告公布 自2025年2月1日起施行 法释〔2025〕1号）

为正确审理婚姻家庭纠纷案件，根据《中华人民共和国民法典》《中华人民共和国民事诉讼法》等相关法律规定，结合审判实践，制定本解释。

第一条 当事人依据民法典第一千零五十一条第一项规定请求确认重婚的婚姻无效，提起诉讼时合法婚姻当事人已经离婚或者配偶已经死亡，被告以此为由抗辩后一婚姻自以上情形发生时转为有效的，人民法院不予支持。

第二条 夫妻登记离婚后，一方以双方意思表示虚假为由请求确认离婚无效的，人民法院不予支持。

第三条 夫妻一方的债权人有证据证明离婚协议中财产分割条款影响其债权实现，请求参照适用民法典第五百三十八条或者第五百三十九条规定撤销相关条款的，人民法院应当综合考虑夫妻共同财产整体分割及履行情况、子女抚养费负担、离婚过错等因素，依法予以支持。

第四条 双方均无配偶的同居关系析产纠纷案件中，对同居期间所得的财产，有约定的，按照约定处理；没有约定且协商不成的，人民法院按照以下情形分别处理：

（一）各自所得的工资、奖金、劳务报酬、知识产权收益，各自继承或者受赠的财产以及单独生产、经营、投资的收益等，归各自所有；

（二）共同出资购置的财产或者共同生产、经营、投资的收益以及其他无法区分的财产，以各自出资比例为基础，综合考虑共同生活情况、有无共同子女、对财产的贡献大小等因素进行分割。

第五条 婚前或者婚姻关系存续期间，当事人约定将一方所有的房屋转移登记至另一方或者双方名下，离婚诉讼时房屋所有权尚未转移登记，双方对房屋归属或者分割有争议且协商不成的，人民法院可以根据当事人诉讼请求，结合给予目的，综合考虑婚姻关系存续时间、共同生活及孕育共同子女情况、离婚过错、对家庭的贡献大小以及离婚时房屋市场价格等因素，判决房屋归其中一方所有，并确定是否由获得房屋一方对另一方予以补偿以及补偿的具体数额。

婚前或者婚姻关系存续期间，一方将其所有的房屋转移登记至另一方或者双方名下，离婚诉讼中，双方对房屋归属或者分割有争议且协商不成的，如果婚姻关系存续时间较短且给予方无重大过错，人民法院可以根据当事人诉讼请求，判决该房屋归给予方所有，并结合给予目的，综合考虑共同生活及孕育共同子女情况、离婚过错、对家庭的贡献大小以及离婚时房屋市场价格等因素，确定是否由获得房屋一方对另一方予以补偿以及补偿的具体数额。

给予方有证据证明另一方存在欺诈、胁迫、严重侵害给予方或者其近亲属合法权益、对给予方有扶养义务而不履行等情形，请求撤销前两款规定的民事法律行为的，人民法院依法予以支持。

第六条 夫妻一方未经另一方同意，在网络直播平台用夫妻共同财产打赏，数额明显超出其家庭一般消费水平，严重损害夫妻共同财产利益的，可以认定为民法典第一千零六十六条和第一千零九十二条规定的"挥霍"。另一方请求在婚姻关系存续期间分割夫妻共同财产，或者在离婚分割夫妻共同财产时请求对打赏一方少分或者不分的，人民法院应予支持。

第七条　夫妻一方为重婚、与他人同居以及其他违反夫妻忠实义务等目的，将夫妻共同财产赠与他人或者以明显不合理的价格处分夫妻共同财产，另一方主张该民事法律行为违背公序良俗无效的，人民法院应予支持并依照民法典第一百五十七条规定处理。

夫妻一方存在前款规定情形，另一方以该方存在转移、变卖夫妻共同财产行为，严重损害夫妻共同财产利益为由，依据民法典第一千零六十六条规定请求在婚姻关系存续期间分割夫妻共同财产，或者依据民法典第一千零九十二条规定请求在离婚分割夫妻共同财产时对该方少分或者不分的，人民法院应予支持。

第八条　婚姻关系存续期间，夫妻购置房屋由一方父母全额出资，如果赠与合同明确约定只赠与自己子女一方的，按照约定处理；没有约定或者约定不明确的，离婚分割夫妻共同财产时，人民法院可以判决该房屋归出资人子女一方所有，并综合考虑共同生活及孕育共同子女情况、离婚过错、对家庭的贡献大小以及离婚时房屋市场价格等因素，确定是否由获得房屋一方对另一方予以补偿以及补偿的具体数额。

婚姻关系存续期间，夫妻购置房屋由一方父母部分出资或者双方父母出资，如果赠与合同明确约定相应出资只赠与自己子女一方的，按照约定处理；没有约定或者约定不明确的，离婚分割夫妻共同财产时，人民法院可以根据当事人诉讼请求，以出资来源及比例为基础，综合考虑共同生活及孕育共同子女情况、离婚过错、对家庭的贡献大小以及离婚时房屋市场价格等因素，判决房屋归其中一方所有，并由获得房屋一方对另一方予以合理补偿。

第九条　夫妻一方转让用夫妻共同财产出资但登记在自己名下的有限责任公司股权，另一方以未经其同意侵害夫妻共同财产利益为由请求确认股权转让合同无效的，人民法院不予支持，但有证据证明转让人与受让人恶意串通损害另一方合法权益的除外。

第十条　夫妻以共同财产投资有限责任公司，并均登记为股东，双方对相应股权的归属没有约定或者约定不明确，离婚时，一方请求按照股东名册或者公司章程记载的各自出资额确定股权分割比例的，人民法院不予支持；对当事人分割夫妻共同财产的请求，人民法院依照民法典第一千零八十七条规定处理。

第十一条　夫妻一方以另一方可继承的财产为夫妻共同财产、放弃继承侵害夫妻共同财产利益为由主张另一方放弃继承无效的，人民法院不予支持，但有证据证明放弃继承导致放弃一方不能履行法定扶养义务的除外。

第十二条　父母一方或者其近亲属等抢夺、藏匿未成年子女，另一方向人民法院申请人身安全保护令或者参照适用民法典第九百九十七条规定申请人格权侵害禁令的，人民法院依法予以支持。

抢夺、藏匿未成年子女一方以另一方存在赌博、吸毒、家庭暴力等严重侵害未成年子女合法权益情形，主张其抢夺、藏匿行为有合理事由的，人民法院应当告知其依法通过撤销监护人资格、中止探望或者变更抚养关系等途径解决。当事人对其上述主张未提供证据证明且未在合理期限内提出相关请求的，人民法院依照前款规定处理。

第十三条　夫妻分居期间，一方或者其近亲属等抢夺、藏匿未成年子女，致使另一方无法履行监护职责，另一方请求行为人承担民事责任的，人民法院可以参照适用民法典第一千零八十四条关于离婚后子女抚养的有关规定，暂时确定未成年子女的抚养事宜，并明确暂时直接抚养未成年子女一方有协助另一方履行监护职责的义务。

第十四条　离婚诉讼中，父母均要求直接抚养已满两周岁的未成年子女，一方有下列情形之一的，人民法院应当按照最有利于未成年子女的原则，优先考虑由另一方直接抚养：

（一）实施家庭暴力或者虐待、遗弃家庭成员；

（二）有赌博、吸毒等恶习；

（三）重婚、与他人同居或者其他严重违反夫妻忠实义务情形；

（四）抢夺、藏匿未成年子女且另一方不存在本条第一项或者第二项等严重侵害未成年子女合法权益情形；

（五）其他不利于未成年子女身心健康的情形。

第十五条　父母双方以法定代理人身份处分用夫妻共同财产购买并登记在未成年子女名下的房屋后，又以违反民法典第三十五条规定损害未成年子女利益为由向相对人主张该民事法律行为无效的，人民法院不予支持。

第十六条　离婚协议中关于一方直接抚养未成年子女或者不能独立生活的成年子女、另一方不负担抚养费的约定，对双方具有法律约束力。但是，离婚后，直接抚养子女一方经济状况发生变化导致原生活水平显著降低或者子女生活、教育、医疗等必要合理费用确有显著增加，未成年子女或者不能独立生活的成年子女请求另一方支付抚养费的，人民法院依法予以支持，并综合考虑离婚协议整体约定、子女实际需要、另一方的负担能力、当地生活水平等因素，确定抚养费的数额。

前款但书规定情形下，另一方以直接抚养子女一方无抚养能力为由请求变更抚养关系的，人民法院依照民法典第一千零八十四条规定处理。

第十七条 离婚后，不直接抚养子女一方未按照离婚协议约定或者以其他方式作出的承诺给付抚养费，未成年子女或者不能独立生活的成年子女请求其支付欠付的抚养费的，人民法院应予支持。

前款规定情形下，如果子女已经成年并能够独立生活，直接抚养子女一方请求另一方支付欠付的费用的，人民法院依法予以支持。

第十八条 对民法典第一千零七十二条中继子女受继父或者继母抚养教育的事实，人民法院应当以共同生活时间长短为基础，综合考虑共同生活期间继父母是否实际进行生活照料、是否履行家庭教育职责、是否承担抚养费等因素予以认定。

第十九条 生父与继母或者生母与继父离婚后，当事人主张继父或者继母和曾受其抚养教育的继子女之间的权利义务关系不再适用民法典关于父母子女关系规定的，人民法院应予支持，但继父或者继母与继子女存在依法成立的收养关系或者继子女仍与继父或者继母共同生活的除外。

继父母子女关系解除后，缺乏劳动能力又缺乏生活来源的继父或者继母请求曾受其抚养教育的成年继子女给付生活费的，人民法院可以综合考虑抚养教育情况、成年继子女负担能力等因素，依法予以支持，但是继父或者继母曾存在虐待、遗弃继子女等情况的除外。

第二十条 离婚协议约定将部分或者全部夫妻共同财产给予子女，离婚后，一方在财产权利转移之前请求撤销该约定的，人民法院不予支持，但另一方同意的除外。

一方不履行前款离婚协议约定的义务，另一方请求其承担继续履行或者因无法履行而赔偿损失等民事责任的，人民法院依法予以支持。

双方在离婚协议中明确约定子女可以就本条第一款中的相关财产直接主张权利，一方不履行离婚协议约定的义务，子女请求参照适用民法典第五百二十二条第二款规定，由该方承担继续履行或者因无法履行而赔偿损失等民事责任的，人民法院依法予以支持。

离婚协议约定将部分或者全部夫妻共同财产给予子女，离婚后，一方有证据证明签订离婚协议时存在欺诈、胁迫等情形，请求撤销该约定的，人民法院依法予以支持；当事人同时请求分割该部分夫妻共同财产的，人民法院依照民法典第一千零八十七条规定处理。

第二十一条 离婚诉讼中，夫妻一方有证据证明在婚姻关系存续期间因抚育子女、照料老年人、协助另一方工作等负担较多义务，依据民法典第一千零八十八条规定请求另一方给予补偿的，人民法院可以综合考虑负担相应义务投入的时间、精力和对双方的影响以及给付方负担能力、当地居民人均可支配收入等因素，确定补偿数额。

第二十二条 离婚诉讼中，一方存在年老、残疾、重病等生活困难情形，依据民法典第一千零九十条规定请求有负担能力的另一方给予适当帮助的，人民法院可以根据当事人请求，结合另一方财产状况，依法予以支持。

第二十三条 本解释自2025年2月1日起施行。

最高人民法院关于适用《中华人民共和国民法典》继承编的解释（一）

（2020年12月25日最高人民法院审判委员会第1825次会议通过 2020年12月29日最高人民法院公告公布 自2021年1月1日起施行 法释〔2020〕23号）

为正确审理继承纠纷案件，根据《中华人民共和国民法典》等相关法律规定，结合审判实践，制定本解释。

一、一般规定

第一条 继承从被继承人生理死亡或者被宣告死亡时开始。

宣告死亡的，根据民法典第四十八条规定确定的死亡日期，为继承开始的时间。

第二条 承包人死亡时尚未取得承包收益的，可以将死者生前对承包所投入的资金和所付出的劳动及其增值和孳息，由发包单位或者接续承包合同的人合理折价、补偿。其价额作为遗产。

第三条 被继承人生前与他人订有遗赠扶养协议，同时又立有遗嘱的，继承开始后，如果遗赠扶养协议与遗嘱没有抵触，遗产分别按协议和遗嘱处理；如果有抵触，按协议处理，与协议抵触的遗嘱全部或者部分无效。

第四条 遗嘱继承人依遗嘱取得遗产后，仍有权依照民法典第一千一百三十条的规定取得遗嘱未处分的遗产。

第五条　在遗产继承中，继承人之间因是否丧失继承权发生纠纷，向人民法院提起诉讼的，由人民法院依据民法典第一千一百二十五条的规定，判决确认其是否丧失继承权。

第六条　继承人是否符合民法典第一千一百二十五条第一款第三项规定的"虐待被继承人情节严重"，可以从实施虐待行为的时间、手段、后果和社会影响等方面认定。

虐待被继承人情节严重的，不论是否追究刑事责任，均可确认其丧失继承权。

第七条　继承人故意杀害被继承人的，不论是既遂还是未遂，均应当确认其丧失继承权。

第八条　继承人有民法典第一千一百二十五条第一款第一项或者第二项所列之行为，而被继承人以遗嘱将遗产指定由该继承人继承的，可以确认遗嘱无效，并确认该继承人丧失继承权。

第九条　继承人伪造、篡改、隐匿或者销毁遗嘱，侵害了缺乏劳动能力又无生活来源的继承人的利益，并造成其生活困难的，应当认定为民法典第一千一百二十五条第一款第四项规定的"情节严重"。

二、法定继承

第十条　被收养人对养父母尽了赡养义务，同时又对生父母扶养较多的，除可以依照民法典第一千一百二十七条的规定继承养父母的遗产外，还可以依照民法典第一千一百三十一条的规定分得生父母适当的遗产。

第十一条　继子女继承了继父母遗产的，不影响其继承生父母的遗产。

继父母继承了继子女遗产的，不影响其继承生子女的遗产。

第十二条　养子女与生子女之间、养子女与养子女之间，系养兄弟姐妹，可以互为第二顺序继承人。

被收养人与其亲兄弟姐妹之间的权利义务关系，因收养关系的成立而消除，不能互为第二顺序继承人。

第十三条　继兄弟姐妹之间的继承权，因继兄弟姐妹之间的扶养关系而发生。没有扶养关系的，不能互为第二顺序继承人。

继兄弟姐妹之间相互继承了遗产的，不影响其继承亲兄弟姐妹的遗产。

第十四条　被继承人的孙子女、外孙子女、曾孙子女、外曾孙子女都可以代位继承，代位继承人不受辈数的限制。

第十五条　被继承人的养子女、已形成扶养关系的继子女的生子女可以代位继承；被继承人亲生子女的养子女可以代位继承；被继承人养子女的养子女可以代位继承；与被继承人已形成扶养关系的继子女的养子女也可以代位继承。

第十六条　代位继承人缺乏劳动能力又没有生活来源，或者对被继承人尽过主要赡养义务的，分配遗产时，可以多分。

第十七条　继承人丧失继承权的，其晚辈直系血亲不得代位继承。如该代位继承人缺乏劳动能力又没有生活来源，或者对被继承人尽赡养义务较多的，可以适当分给遗产。

第十八条　丧偶儿媳对公婆、丧偶女婿对岳父母，无论其是否再婚，依照民法典第一千一百二十九条规定作为第一顺序继承人时，不影响其子女代位继承。

第十九条　对被继承人生活提供了主要经济来源，或者在劳务等方面给予了主要扶助的，应当认定其尽了主要赡养义务或主要扶养义务。

第二十条　依照民法典第一千一百三十一条规定可以分给适当遗产的人，分给他们遗产时，按具体情况可以多于或者少于继承人。

第二十一条　依照民法典第一千一百三十一条规定可以分给适

当遗产的人，在其依法取得被继承人遗产的权利受到侵犯时，本人有权以独立的诉讼主体资格向人民法院提起诉讼。

第二十二条　继承人有扶养能力和扶养条件，愿意尽扶养义务，但被继承人因有固定收入和劳动能力，明确表示不要求其扶养的，分配遗产时，一般不应因此而影响其继承份额。

第二十三条　有扶养能力和扶养条件的继承人虽然与被继承人共同生活，但对需要扶养的被继承人不尽扶养义务，分配遗产时，可以少分或者不分。

三、遗嘱继承和遗赠

第二十四条　继承人、受遗赠人的债权人、债务人，共同经营的合伙人，也应当视为与继承人、受遗赠人有利害关系，不能作为遗嘱的见证人。

第二十五条　遗嘱人未保留缺乏劳动能力又没有生活来源的继承人的遗产份额，遗产处理时，应当为该继承人留下必要的遗产，所剩余的部分，才可参照遗嘱确定的分配原则处理。

继承人是否缺乏劳动能力又没有生活来源，应当按遗嘱生效时该继承人的具体情况确定。

第二十六条　遗嘱人以遗嘱处分了国家、集体或者他人财产的，应当认定该部分遗嘱无效。

第二十七条　自然人在遗书中涉及死后个人财产处分的内容，确为死者的真实意思表示，有本人签名并注明了年、月、日，又无相反证据的，可以按自书遗嘱对待。

第二十八条　遗嘱人立遗嘱时必须具有完全民事行为能力。无民事行为能力人或者限制民事行为能力人所立的遗嘱，即使其本人后来具有完全民事行为能力，仍属无效遗嘱。遗嘱人立遗嘱时具有完全民事行为能力，后来成为无民事行为能力人或者限制民事行为能力人的，不影响遗嘱的效力。

第二十九条 附义务的遗嘱继承或者遗赠，如义务能够履行，而继承人、受遗赠人无正当理由不履行，经受益人或者其他继承人请求，人民法院可以取消其接受附义务部分遗产的权利，由提出请求的继承人或者受益人负责按遗嘱人的意愿履行义务，接受遗产。

四、遗产的处理

第三十条 人民法院在审理继承案件时，如果知道有继承人而无法通知的，分割遗产时，要保留其应继承的遗产，并确定该遗产的保管人或者保管单位。

第三十一条 应当为胎儿保留的遗产份额没有保留的，应从继承人所继承的遗产中扣回。

为胎儿保留的遗产份额，如胎儿出生后死亡的，由其继承人继承；如胎儿娩出时是死体的，由被继承人的继承人继承。

第三十二条 继承人因放弃继承权，致其不能履行法定义务的，放弃继承权的行为无效。

第三十三条 继承人放弃继承应当以书面形式向遗产管理人或者其他继承人表示。

第三十四条 在诉讼中，继承人向人民法院以口头方式表示放弃继承的，要制作笔录，由放弃继承的人签名。

第三十五条 继承人放弃继承的意思表示，应当在继承开始后、遗产分割前作出。遗产分割后表示放弃的不再是继承权，而是所有权。

第三十六条 遗产处理前或者在诉讼进行中，继承人对放弃继承反悔的，由人民法院根据其提出的具体理由，决定是否承认。遗产处理后，继承人对放弃继承反悔的，不予承认。

第三十七条 放弃继承的效力，追溯到继承开始的时间。

第三十八条 继承开始后，受遗赠人表示接受遗赠，并于遗产分割前死亡的，其接受遗赠的权利转移给他的继承人。

第三十九条 由国家或者集体组织供给生活费用的烈属和享受社会救济的自然人，其遗产仍应准许合法继承人继承。

第四十条 继承人以外的组织或者个人与自然人签订遗赠扶养协议后，无正当理由不履行，导致协议解除的，不能享有受遗赠的权利，其支付的供养费用一般不予补偿；遗赠人无正当理由不履行，导致协议解除的，则应当偿还继承人以外的组织或者个人已支付的供养费用。

第四十一条 遗产因无人继承又无人受遗赠归国家或者集体所有制组织所有时，按照民法典第一千一百三十一条规定可以分给适当遗产的人提出取得遗产的诉讼请求，人民法院应当视情况适当分给遗产。

第四十二条 人民法院在分割遗产中的房屋、生产资料和特定职业所需要的财产时，应当依据有利于发挥其使用效益和继承人的实际需要，兼顾各继承人的利益进行处理。

第四十三条 人民法院对故意隐匿、侵吞或者争抢遗产的继承人，可以酌情减少其应继承的遗产。

第四十四条 继承诉讼开始后，如继承人、受遗赠人中有既不愿参加诉讼，又不表示放弃实体权利的，应当追加为共同原告；继承人已书面表示放弃继承、受遗赠人在知道受遗赠后六十日内表示放弃受遗赠或者到期没有表示的，不再列为当事人。

五、附　　则

第四十五条 本解释自 2021 年 1 月 1 日起施行。

典型案例

一、林某诉张某撤销婚姻纠纷案[①]

☞ 典型意义

本案是依法适用民法典相关规定判决撤销婚姻的典型案例。对于一方患有重大疾病，未在结婚登记前如实告知另一方的情形，民法典明确另一方可以向人民法院请求撤销婚姻。本案中，人民法院依法适用民法典相关规定，判决撤销双方的婚姻关系，不仅有效保护了案件中无过错方的合法权益，也符合社会大众对公平正义、诚实信用的良好期待，弘扬了社会主义核心价值观。

☞ 基本案情

林某和张某经人介绍相识，于2020年6月28日登记结婚。在登记之后，张某向林某坦白其患有艾滋病多年，并且长期吃药。2020年7月，林某被迫人工终止妊娠。2020年10月，林某提起诉讼要求宣告婚姻无效。诉讼中，林某明确若婚姻无效不能成立，则请求撤销婚姻，对此，张某亦无异议。

☞ 裁判结果

生效裁判认为，自然人依法享有缔结婚姻等合法权益，张某虽患有艾滋病，但不属于婚姻无效的情形。林某又提出撤销婚姻的请

[①] 案例来源：人民法院贯彻实施民法典典型案例（第二批）之十，最高人民法院2023年1月12日发布。

求，张某对此亦无异议，为减少当事人讼累，人民法院一并予以处理。张某所患疾病对婚姻生活有重大影响，属于婚前应告知林某的重大疾病，但张某未在结婚登记前告知林某，显属不当。故依照民法典第一千零五十三条的规定，判决撤销林某与张某的婚姻关系。判决后，双方均未上诉。

☞ 民法典条文指引

第一千零五十三条 一方患有重大疾病的，应当在结婚登记前如实告知另一方；不如实告知的，另一方可以向人民法院请求撤销婚姻。

请求撤销婚姻的，应当自知道或者应当知道撤销事由之日起一年内提出。

二、马某臣、段某娥诉于某艳探望权纠纷案[①]

☞ 典型意义

近年来，（外）祖父母起诉要求探视（外）孙子女的案件不断增多，突出反映了社会生活对保障"隔代探望权"的司法需求。民法典虽未对隔代探望权作出规定，但民法典第十条明确了处理民事纠纷的依据。按照我国风俗习惯，隔代近亲属探望（外）孙子女符合社会广泛认可的人伦情理，不违背公序良俗。本案依法支持原告探望孙女的诉讼请求，符合民法典立法目的和弘扬社会主义核心价值观的要求，对保障未成年人身心健康成长和维护老年人合法权益具有积极意义。

[①] 案例来源：人民法院贯彻实施民法典典型案例（第二批）之十一，最高人民法院 2023 年 1 月 12 日发布。

基本案情

原告马某臣、段某娥系马某豪父母。被告于某艳与马某豪原系夫妻关系，两人于 2018 年 2 月 14 日办理结婚登记，2019 年 6 月 30 日生育女儿马某。2019 年 8 月 14 日，马某豪在工作时因电击意外去世。目前，马某一直随被告于某艳共同生活。原告因探望孙女马某与被告发生矛盾，协商未果，现诉至法院，请求判令：每周五下午六点原告从被告处将马某接走，周日下午六点被告将马某从原告处接回；寒暑假由原告陪伴马某。

裁判结果

生效裁判认为，马某臣、段某娥夫妇老年痛失独子，要求探望孙女是人之常情，符合民法典立法精神。马某臣、段某娥夫妇探望孙女，既可缓解老人丧子之痛，也能使孙女从老人处得到关爱，有利于其健康成长。我国祖孙三代之间的关系十分密切，一概否定（外）祖父母对（外）孙子女的探望权不符合公序良俗。因此，对于马某臣、段某娥要求探望孙女的诉求，人民法院予以支持。遵循有利于未成年人成长原则，综合考虑马某的年龄、居住情况及双方家庭关系等因素，判决：马某臣、段某娥对马某享有探望权，每月探望两次，每次不超过五个小时，于某艳可在场陪同或予以协助。

民法典条文指引

第十条 处理民事纠纷，应当依照法律；法律没有规定的，可以适用习惯，但是不得违背公序良俗。

第一千零四十三条 家庭应当树立优良家风，弘扬家庭美德，重视家庭文明建设。

夫妻应当互相忠实，互相尊重，互相关爱；家庭成员应当敬老爱幼，互相帮助，维护平等、和睦、文明的婚姻家庭关系。

三、曾某泉、曾某军、曾某、李某军与孙某学婚姻家庭纠纷案[①]

☞ 典型意义

习近平总书记强调:"家风是一个家庭的精神内核,也是一个社会的价值缩影。"本案是人民法院弘扬新时代优良家风,维护尽到赡养义务的成年继子女权益的典型案例。民法典明确规定了有扶养关系的继子女与婚生子女、非婚生子女、养子女同属于子女范畴。审理法院依法认定对继父母尽到赡养义务的成年继子女属于有扶养关系的继子女,享有继父母死亡抚恤金分配权,同时确定年老患病的遗孀享有更多分配份额,为弘扬敬老爱老的传统美德,鼓励互助互爱的优良家风提供了现实样例。

☞ 基本案情

曾某彬(男)与曾某泉、曾某军、曾某三人系父子关系,孙某学(女)与李某军系母子关系。2006年,李某军34岁时,曾某彬与孙某学登记结婚。2019年11月4日,曾某彬去世,其单位向孙某学发放一次性死亡抚恤金163536元。曾某彬生前十余年一直与孙某学、李某军共同在李某军所有的房屋中居住生活。曾某彬患有矽肺,孙某学患有(直肠)腺癌,李某军对曾某彬履行了赡养义务。曾某泉三兄弟主张李某军在曾某彬与孙某学结婚时已经成年,双方未形成扶养

[①] 案例来源:人民法院贯彻实施民法典典型案例(第二批)之十二,最高人民法院2023年1月12日发布。

关系，故李某军不具有上述死亡抚恤金的分配资格。

☞ **裁判结果**

生效裁判认为，一次性死亡抚恤金是针对死者近亲属的一种抚恤，应参照继承相关法律规范进行处理。本案应由曾某彬的配偶、子女参与分配，子女包括有扶养关系的继子女。成年继子女对继父母履行了赡养义务的，应认定为有扶养关系的继子女。本案中，曾某彬与孙某学再婚时，李某军虽已成年，但三人共同居住生活在李某军所有的房屋长达十余年，形成了民法典第一千零四十五条第三款规定的更为紧密的家庭成员关系，且曾某彬患有矽肺，孙某学患有癌症，二人均需家人照顾，根据案件事实可以认定李某军对曾某彬履行了赡养义务。考虑到孙某学年老患病且缺乏劳动能力，遂判决孙某学享有曾某彬一次性死亡抚恤金40%的份额，李某军与曾某泉三兄弟各享有15%的份额。

☞ **民法典条文指引**

第一千零四十三条 家庭应当树立优良家风，弘扬家庭美德，重视家庭文明建设。

夫妻应当互相忠实，互相尊重，互相关爱；家庭成员应当敬老爱幼，互相帮助，维护平等、和睦、文明的婚姻家庭关系。

第一千零四十五条 亲属包括配偶、血亲和姻亲。

配偶、父母、子女、兄弟姐妹、祖父母、外祖父母、孙子女、外孙子女为近亲属。

配偶、父母、子女和其他共同生活的近亲属为家庭成员。

第一千一百二十七条 遗产按照下列顺序继承：

（一）第一顺序：配偶、子女、父母；

（二）第二顺序：兄弟姐妹、祖父母、外祖父母。

继承开始后,由第一顺序继承人继承,第二顺序继承人不继承;没有第一顺序继承人继承的,由第二顺序继承人继承。

本编所称子女,包括婚生子女、非婚生子女、养子女和有扶养关系的继子女。

本编所称父母,包括生父母、养父母和有扶养关系的继父母。

本编所称兄弟姐妹,包括同父母的兄弟姐妹、同父异母或者同母异父的兄弟姐妹、养兄弟姐妹、有扶养关系的继兄弟姐妹。

第一千一百三十条 同一顺序继承人继承遗产的份额,一般应当均等。

对生活有特殊困难又缺乏劳动能力的继承人,分配遗产时,应当予以照顾。

对被继承人尽了主要扶养义务或者与被继承人共同生活的继承人,分配遗产时,可以多分。

有扶养能力和有扶养条件的继承人,不尽扶养义务的,分配遗产时,应当不分或者少分。

继承人协商同意的,也可以不均等。

四、一方在结婚后将其婚前房产为另一方"加名",离婚分割夫妻共同财产时,人民法院可以判决房屋归予方所有,并综合考虑共同生活情况等因素合理补偿对方

——崔某某与陈某某离婚纠纷案①

☞ **基本案情**

崔某某与陈某某(男)于2009年1月登记结婚。2009年2月,陈某某将其婚前购买的房屋转移登记至崔某某、陈某某双方名下。陈某某为再婚,与前妻育有一女陈某。崔某某与陈某某结婚时,陈某15岁,平时住校,周末及假期回家居住。崔某某与陈某某未生育子女。2020年,双方因家庭矛盾分居,崔某某提起本案诉讼,请求判决其与陈某某离婚,并由陈某某向其支付房屋折价款250万元。陈某某辩称,因崔某某与其女儿陈某关系紧张,超出其可忍受范围,双方感情已破裂,同意离婚。崔某某对房屋产权的取得没有贡献,而且,婚后陈某某的银行卡一直由崔某某保管,家庭开销均由陈某某负担,故只同意支付100万元补偿款。诉讼中,双方均认可案涉房屋市场价值600万元。

---

① 案例来源:涉婚姻家庭纠纷典型案例之一,最高人民法院2025年1月15日发布。

☞ **裁判结果**

审理法院认为，崔某某与陈某某因生活琐事及与对方家人矛盾较深，以致感情破裂，双方一致同意解除婚姻关系，与法不悖，予以准许。案涉房屋系陈某某婚前财产，陈某某于婚后为崔某某"加名"系对个人财产的处分，该房屋现登记为共同共有，应作为夫妻共同财产予以分割。至于双方争议的房屋分割比例，该房屋原为陈某某婚前个人财产，崔某某对房屋产权的取得无贡献，但考虑到双方婚姻已存续十余年，结合双方对家庭的贡献以及双方之间的资金往来情况，酌定崔某某可分得房屋折价款 120 万元。该判决作出后，双方均未提出上诉，判决已发生法律效力。

☞ **典型意义**

根据民法典第 1065 条规定，男女双方可以约定婚姻关系存续期间所得的财产以及婚前财产归各自所有、共同所有或者部分各自所有、部分共同所有。夫妻对婚姻关系存续期间所得的财产以及婚前财产的约定，对双方具有法律约束力。婚姻关系存续期间，夫妻一方将其个人所有的婚前财产变更为夫妻共同所有，该种给予行为一般是以建立、维持婚姻关系的长久稳定并期望共同享有房产利益为基础。离婚分割夫妻共同财产时，应当根据诚实信用原则妥善平衡双方利益。本案中，双方共同生活时间较长，但婚后给予方负担了较多的家庭开销，人民法院综合考虑共同生活情况、双方对家庭的贡献、房屋市场价格等因素，判决房屋归给予方所有，并酌定给予方补偿对方 120 万元，既保护了给予方的财产权益，也肯定了接受方对家庭付出的价值，较为合理。

五、婚姻关系存续期间，一方父母将其房产转移登记至夫妻双方名下，离婚分割夫妻共同财产时，人民法院可以判决房屋归出资方子女所有，并综合考虑婚姻关系存续时间、共同生活情况等因素合理补偿对方

——范某某与许某某离婚纠纷案[①]

☞ 基本案情

2019年12月，许某某（男）父母全款购买案涉房屋。2020年5月，范某某与许某某登记结婚。2021年8月，许某某父母将案涉房屋转移登记至范某某、许某某双方名下。范某某与许某某婚后未生育子女。2024年，因家庭矛盾较大，范某某提起本案诉讼，请求判决其与许某某离婚，并平均分割案涉房屋。许某某辩称，同意离婚，但该房屋是其父母全款购买，范某某无权分割。诉讼中，双方均认可案涉房屋市场价值为30万元。

☞ 裁判结果

审理法院认为，范某某起诉离婚，许某某同意离婚，视为夫妻感情确已破裂，故依法准予离婚。关于案涉房屋的分割，虽然该房屋所有权已在双方婚姻关系存续期间转移登记至范某某和许某某双

[①] 案例来源：涉婚姻家庭纠纷典型案例之二，最高人民法院2025年1月15日发布。

方名下，属于夫妻共同财产。但考虑到该房屋系许某某父母基于范某某与许某某长期共同生活的目的进行赠与，而范某某与许某某婚姻关系存续时间较短，且无婚生子女，为妥善平衡双方当事人利益，故结合赠与目的、出资来源等事实，判决案涉房屋归许某某所有，同时参考房屋市场价格，酌定许某某补偿范某某 7 万元。

☞ **典型意义**

根据民法典第 1087 条规定，离婚时，夫妻的共同财产由双方协议处理；协议不成的，由人民法院根据财产的具体情况，按照照顾子女、女方和无过错方权益的原则判决。婚姻关系存续期间，由一方父母全额出资购置的房屋转移登记至夫妻双方名下，离婚分割夫妻共同财产时，可以根据该财产的出资来源情况，判决该房屋归出资方子女所有，但需综合考虑共同生活及孕育共同子女情况、离婚过错、离婚时房屋市场价格等因素，确定是否由获得房屋一方对另一方予以补偿以及补偿的具体数额。本案中，人民法院综合考虑婚姻关系存续时间较短、未孕育共同子女、房屋市场价格等因素，判决房屋归出资方子女所有，并酌定出资方子女补偿对方 7 万元，既保护了父母的合理预期和财产权益，也肯定和鼓励了对家庭的投入和付出，较好地平衡了双方利益。

六、父母一方或者其近亲属等抢夺、藏匿未成年子女，另一方向人民法院申请人格权侵害禁令的，人民法院应予支持

——颜某某申请人格权侵害禁令案①

☞ 基本案情

2015 年，颜某某与罗某某（男）登记结婚。2022 年 7 月，颜某某生育双胞胎子女罗大某（男）、罗小某（女）。罗大某、罗小某出生后，与颜某某、罗某某共同生活居住在 A 省。因家庭矛盾未能得到有效调和，2024 年 3 月，罗某某及其父母、妹妹等人将罗大某强行带离上述住所并带至 B 省。此后，罗大某与罗某某的父母在 B 省共同生活居住。经多次沟通，罗某某均拒绝将罗大某送回。颜某某遂提起本案申请，请求法院裁定罗某某将罗大某送回原住所并禁止罗某某抢夺、藏匿未成年子女。

☞ 裁判结果

审理法院认为，父母对未成年子女抚养、教育和保护的权利是一种重要的身份权，抢夺行为严重侵害未成年子女的人格权益和父母另一方因履行监护职责产生的权利。颜某某以其对儿子罗大某的监护权受到侵害为由向人民法院申请禁令，人民法院依法应予受理并可以参照民法典第 997 条的规定进行审查。因抢夺子女形成的抚

---

① 案例来源：涉婚姻家庭纠纷典型案例之三，最高人民法院 2025 年 1 月 15 日发布。

养状态，是一种非法的事实状态，不因时间的持续而合法化。该抢夺子女的行为强行改变未成年子女惯常的生活环境和亲人陪伴，不利于未成年人身心健康，严重伤害父母子女之间的亲子关系。人民法院裁定罗某某自收到裁定之日起七日内将罗大某送回原住所，并禁止罗某某实施抢夺、藏匿子女或擅自将子女带离住所等侵害颜某某监护权的行为。本案裁定发出后，人民法院组织对双方当事人开展家庭教育指导，并现场督促罗某某购买车票将罗大某从 B 省接回 A 省。

☞ **典型意义**

解决分居状态下抢夺、藏匿未成年子女问题的前提是及时快速制止不法行为，尽量减少对未成年人的伤害。签发人格权侵害禁令，可以进行事先预防性保护，避免权利主体受到难以弥补的损害。民法典第 1001 条规定，对自然人因婚姻家庭关系等产生的身份权利的保护，在相关法律没有规定的情况下，可以根据其性质参照适用人格权保护的有关规定。父母对未成年子女抚养、教育和保护的权利是一种重要的身份权，人民法院针对抢夺、藏匿未成年子女行为参照适用民法典第 997 条规定签发禁令，能够快速让未成年子女恢复到原来的生活状态，是人格权保护事先预防大于事后赔偿基本理念的具体体现，对不法行为形成有力的法律震慑。

七、夫妻一方在婚姻关系存续期间违反忠实义务将夫妻共同财产赠与第三人的行为无效,另一方请求第三人全部返还的,人民法院应予支持
——崔某某与叶某某及高某某赠与合同纠纷案[1]

☞ 基本案情

崔某某与高某某(男)于2010年2月登记结婚。婚姻关系存续期间,高某某与叶某某存在不正当关系,并于2019年3月至2023年9月向叶某某共转账73万元。同期,叶某某向高某某回转17万元,实际收取56万元。崔某某提起本案诉讼,请求判令叶某某返还崔某某的夫妻共同财产73万元。叶某某辩称,高某某转给其的部分款项已消费,不应返还。高某某认可叶某某的主张。

☞ 裁判结果

审理法院认为,在婚姻关系存续期间,夫妻双方未选择其他财产制的情况下,对夫妻共同财产不分份额地共同享有所有权。本案中,高某某未经另一方同意,将夫妻共同财产多次转给与其保持不正当关系的叶某某,违背社会公序良俗,故该行为无效,叶某某应

---

[1] 案例来源:涉婚姻家庭纠纷典型案例之四,最高人民法院2025年1月15日发布。

当返还实际收取的款项。对叶某某关于部分款项已消费的主张，不予支持。

☞ **典型意义**

根据民法典第 1043 条规定，夫妻应当互相忠实，互相尊重，互相关爱。婚姻关系存续期间，夫妻一方为重婚、与他人同居以及其他违反夫妻忠实义务等目的，私自将夫妻共同财产赠与他人，不仅侵害了夫妻共同财产平等处理权，更是一种严重违背公序良俗的行为，法律对此坚决予以否定。权益受到侵害的夫妻另一方主张该民事法律行为无效并请求返还全部财产的，人民法院应予支持。不能因已消费而免除其返还责任。该判决对于贯彻落实婚姻家庭受国家保护的宪法和民法典基本原则，践行和弘扬社会主义核心价值观具有示范意义。

八、已办理结婚登记但共同生活时间较短，离婚时应当根据共同生活时间、孕育子女等事实对数额过高的彩礼酌情返还
——王某某与李某某离婚纠纷案[①]

☞ **基本案情**

2020 年 9 月，王某某与李某某（女）登记结婚。王某某家在当地属于低收入家庭。为与对方顺利结婚，王某某给付李某某彩礼

---

① 案例来源：人民法院涉彩礼纠纷典型案例之一，最高人民法院 2023 年 12 月 12 日发布。

· 167 ·

18.8万元。李某某于2021年4月终止妊娠。因双方家庭矛盾加深，王某某于2022年2月起诉离婚，并请求李某某返还彩礼18.8万元。

☞ **裁判结果**

审理法院认为，双方当事人由于婚前缺乏了解，婚后亦未建立起深厚感情，婚姻已无存续可能，准予离婚。结合当地经济生活水平及王某某家庭经济情况，王某某所给付的彩礼款18.8万元属于数额过高，事实上造成较重的家庭负担。综合考虑双方共同生活时间较短，女方曾有终止妊娠等事实，为妥善平衡双方当事人利益，化解矛盾纠纷，酌定李某某返还彩礼款56400元。

☞ **典型意义**

彩礼是以缔结婚姻为目的依据习俗给付的财物。作为我国婚嫁领域的传统习俗，彩礼是男女双方及家庭之间表达感情的一种方式，也蕴含着对婚姻的期盼与祝福。然而，超出负担能力给付的高额彩礼却背离了爱情的初衷和婚姻的本质，使婚姻演变成物质交换，不仅对彩礼给付方造成经济压力，影响婚姻家庭的和谐稳定，也不利于弘扬社会文明新风尚。2021年以来，"中央一号文件"连续三年提出治理高额彩礼问题。遏制高额彩礼陋习、培育文明乡风成为全社会的共同期盼。基于彩礼给付的特定目的，一般情况下，双方已办理结婚登记手续并共同生活，离婚时一方请求返还按照习俗给付的彩礼的，人民法院不予支持。但是，也要看到，给付彩礼的目的除了办理结婚登记这一法定形式要件外，更重要的是双方长期共同生活。因此，共同生活时间长短应当作为确定彩礼是否返还以及返还比例的重要考量因素。本案中，双方共同生活仅一年多时间，给付彩礼的目的尚未全部实现，给付方不存在明显过错，相对于其家庭收入来讲，彩礼数额过高，给付彩礼已造成较重的家庭负担，同时，考虑到终止妊娠对女方身体健康亦造成一定程度的损害等事实，判决酌情返还部分彩礼，能够较好地平衡双方当事人间的利益，引导树立正确的婚恋观，倡导形成文明节俭的婚礼习俗，让婚姻始于爱，让彩礼归于"礼"。

九、男女双方举行结婚仪式后共同生活较长时间且已育有子女，一般不支持返还彩礼
——张某与赵某婚约财产纠纷案[①]

☞ **基本案情**

张某与赵某（女）于2018年11月经人介绍相识，自2019年2月起共同生活，于2020年6月生育一子。2021年1月双方举行结婚仪式，至今未办理结婚登记手续。赵某收到张某彩礼款160000元。后双方感情破裂，于2022年8月终止同居关系。张某起诉主张赵某返还80%彩礼，共计128000元。

☞ **裁判结果**

审理法院认为，双方自2019年2月起即共同生活并按民间习俗举行了婚礼，双方在共同生活期间生育一子，现已年满2周岁，且共同生活期间必然因日常消费及生育、抚养孩子产生相关费用，若在以夫妻名义共同生活数年且已共同养育子女2年后仍要求返还彩礼，对赵某明显不公平，故判决驳回张某的诉讼请求。

---

① 案例来源：人民法院涉彩礼纠纷典型案例之二，最高人民法院2023年12月12日发布。

☞ **典型意义**

　　习近平总书记强调指出，家庭是社会的基本细胞，是人生的第一所学校。不论时代发生多大变化，不论生活格局发生多大变化，我们都要重视家庭建设，注重家庭、注重家教、注重家风。民法典规定，家庭应当树立优良家风，弘扬家庭美德，重视家庭文明建设；保护妇女、未成年人、老年人、残疾人的合法权益。人民法院在审理涉及彩礼纠纷案件中要坚决贯彻落实习近平总书记关于家庭家教家风建设的重要论述精神和民法典的相关规定。《最高人民法院关于适用〈中华人民共和国民法典〉婚姻家庭编的解释（一）》第五条关于未办理结婚登记手续应返还彩礼的规定，应当限于未共同生活的情形。已经共同生活的双方因未办理结婚登记手续不具有法律上的夫妻权利义务关系，但在审理彩礼返还纠纷时，不应当忽略共同生活的"夫妻之实"。该共同生活的事实不仅承载着给付彩礼一方的重要目的，也会对女性身心健康产生一定程度的影响，尤其是在孕育子女等情况下。如果仅因未办理结婚登记而要求接受彩礼一方全部返还，有违公平原则，也不利于保护妇女合法权益。本案中，双方当事人虽未办理结婚登记，但按照当地习俗举办了婚礼，双方以夫妻名义共同生活三年有余，且已生育一子。本案判决符合当地风俗习惯，平衡各方当事人利益，特别体现了对妇女合法权益的保护。

十、已办理结婚登记，仅有短暂同居经历尚未形成稳定共同生活的，应扣除共同消费等费用后返还部分彩礼

——刘某与朱某婚约财产纠纷案[1]

☞ 基本案情

刘某与朱某（女）2020年7月确立恋爱关系，2020年9月登记结婚。刘某于结婚当月向朱某银行账户转账一笔80万元并附言为"彩礼"，转账一笔26万元并附言为"五金"。双方分别在不同省份的城市工作生活。后因筹备举办婚礼等事宜发生纠纷，双方于2020年11月协议离婚，婚姻关系存续不到三个月。婚后未生育子女，无共同财产，无共同债权债务。双方曾短暂同居，并因筹备婚宴、拍婚纱照、共同旅游、亲友相互往来等发生部分费用。离婚后，因彩礼返还问题发生争议，刘某起诉请求朱某返还彩礼106万元。

☞ 裁判结果

审理法院认为，彩礼是男女双方在缔结婚姻时一方依据习俗向另一方给付的钱物。关于案涉款项的性质，除已明确注明为彩礼的80万元款项外，备注为"五金"的26万元亦符合婚礼习俗中对于彩礼的一般认知，也应当认定为彩礼。关于共同生活的认定，双方

---

[1] 案例来源：人民法院涉彩礼纠纷典型案例之三，最高人民法院2023年12月12日发布。

虽然已经办理结婚登记，但从后续拍摄婚纱照、筹备婚宴的情况看，双方仍在按照习俗举办婚礼仪式的过程中。双方当事人婚姻关系仅存续不到三个月，期间双方工作、生活在不同的城市，对于后续如何工作、居住、生活未形成一致的规划。双方虽有短暂同居经历，但尚未形成完整的家庭共同体和稳定的生活状态，不能认定为已经有稳定的共同生活。鉴于双方已经登记结婚，且刘某支付彩礼后双方有共同筹备婚礼仪式、共同旅游、亲友相互往来等共同开销的情况，对该部分费用予以扣减。据此，法院酌情认定返还彩礼80万元。

☞ **典型意义**

涉彩礼返还纠纷中，不论是已办理结婚登记还是未办理结婚登记的情况，在确定是否返还以及返还的具体比例时，共同生活时间均是重要的考量因素。但是，案件情况千差万别，对何谓"共同生活"，很难明确规定统一的标准，而应当具体情况具体分析。本案中，双方婚姻关系存续时间短，登记结婚后仍在筹备婚礼过程中，双方对于后续如何工作、居住、生活未形成一致的规划，未形成完整的家庭共同体和稳定的生活状态，不宜认定为已经共同生活。但是，考虑到办理结婚登记以及短暂同居经历对女方的影响、双方存在共同消费、彩礼数额过高等因素，判决酌情返还大部分彩礼，能够妥善平衡双方利益。

十一、婚约财产纠纷中，接受彩礼的婚约方父母可作为共同被告
——张某某与赵某某、赵某、王某婚约财产纠纷案[1]

☞ **基本案情**

张某某与赵某某（女）经人介绍认识，双方于 2022 年 4 月定亲。张某某给付赵某某父母赵某和王某定亲礼 36600 元；2022 年 9 月张某某向赵某某银行账户转账彩礼 136600 元。赵某某等购置价值 1120 元的嫁妆并放置在张某某处。双方未办理结婚登记，未举行结婚仪式。2022 年 9 月，双方解除婚约后因彩礼返还问题发生争议，张某某起诉请求赵某某及其父母赵某、王某共同返还彩礼 173200 元。

☞ **裁判结果**

审理法院认为，双方未办理结婚登记，现有证据不足以证明张某某与赵某某持续、稳定地共同生活，张某某不存在明显过错，但在案证据也能证实赵某某为缔结婚姻亦有付出的事实，故案涉定亲礼、彩礼在扣除嫁妆后应予适当返还。关于赵某、王某是否系本案适格被告的问题，审理法院认为，关于案涉彩礼 136600 元，系张某某以转账方式直接给付赵某某，应由赵某某承担返还责任，扣除

---

[1] 案例来源：人民法院涉彩礼纠纷典型案例之四，最高人民法院 2023 年 12 月 12 日发布。

嫁妆后，酌定返还 121820 元；关于案涉定亲礼 36600 元，系赵某某与其父母共同接收，应由赵某某、赵某、王某承担返还责任，酌定返还 32940 元。

☞ **典型意义**

民法典第十条规定，处理民事纠纷，应当依照法律；法律没有规定的，可以适用习惯，但是不得违背公序良俗。法律没有就彩礼问题予以规定，人民法院应当在不违背公序良俗的情况下按照习惯处理涉彩礼纠纷。根据中国传统习俗，缔结婚约的过程中，一般是由男女双方父母在亲朋、媒人等见证下共同协商、共同参与完成彩礼的给付。因此，在确定诉讼当事人时，亦应当考虑习惯做法。当然，各地区、各家庭情况千差万别，彩礼接收人以及对该笔款项如何使用，情况非常复杂，既有婚约当事人直接接收的，也有婚约当事人父母接收的；彩礼的去向也呈现不同样态，既有接收一方将彩礼作为嫁妆一部分返还的，也有全部返回给婚约当事人作为新家庭生活启动资金的，还有的由接收彩礼一方父母另作他用。如果婚约当事人一方的父母接收彩礼的，可视为与其子女的共同行为，在婚约财产纠纷诉讼中，将婚约一方及父母共同列为当事人，符合习惯，也有利于查明彩礼数额、彩礼实际使用情况等案件事实，从而依法作出裁判。

十二、短期内多次"闪婚"并收取高额彩礼，可以认定以彩礼为名借婚姻索取财物
——赵某诉孙某离婚纠纷案[①]

☞ 基本案情

2020年10月，赵某（男）与孙某经人介绍相识，同月双方登记结婚。赵某向孙某给付彩礼8.6万元，婚后未生育子女。2021年6月，赵某提起本案诉讼，主张孙某将婚姻作为获取财物的手段，请求判决双方离婚，由孙某返还全部彩礼，主要理由是：婚后孙某主要在娘家居住，双方共同生活时间不超过一个月，期间因孙某一直主张身体不适无夫妻之实，双方还经常因孙某索要财物一事发生矛盾，2021年3月再次为此事争吵后，孙某回娘家不再与其联系。

经法院查明，近4年内，孙某另外还有两段婚姻，均是与男方认识较短时间后便登记结婚，分别接收彩礼8万元、18万元。在两段婚姻所涉离婚诉讼中，男方均提到双方婚后不久即因钱财问题发生矛盾，之后孙某就回娘家居住，没有夫妻生活。

☞ 裁判结果

审理法院认为，根据已查明的事实及当事人陈述，孙某在四年内就已涉及三起离婚纠纷，结婚仓促，婚姻关系维系时间短，且男方均表示，孙某收取了较高数额的彩礼，婚后双方只有夫妻之名，孙某

[①] 案例来源：第二批人民法院涉彩礼纠纷典型案例之一，最高人民法院2025年2月28日发布。

在双方发生矛盾后即回娘家居住，没有继续与男方共同生活的意思表示。综合全部在案证据，可以认定孙某的行为属于以彩礼为名借婚姻索取财物。故判令解除婚姻关系，由孙某返还全部彩礼 8.6 万元。

☞ **典型意义**

根据涉彩礼纠纷司法解释第二条规定，一方以彩礼为名借婚姻索取财物，另一方请求返还的，人民法院应予支持。给付彩礼的目的除了办理结婚登记这一法定形式要件外，更重要的是双方形成长期、稳定的共同生活状态。本案中，虽然孙某已与赵某办理结婚登记，但婚姻关系存续时间较短，且孙某主要在娘家居住，双方未能形成长期、稳定的共同生活状态。同时，结合双方经常因孙某索要钱财发生争吵以及孙某之前所涉两次离婚纠纷的具体情况，人民法院认定其有通过婚姻索取财物的行为，判令其全额返还彩礼，再次明确禁止借婚姻索取财物的司法态度，维护正常的婚恋秩序。

十三、一方基于索取财物目的与另一方建立恋爱关系、作出结婚承诺，可以认定为借婚姻索取财物
——王某诉李某婚约财产纠纷案[①]

☞ **基本案情**

2023 年 6 月，王某（男）与李某通过微信相亲群相识。同月

[①] 案例来源：第二批人民法院涉彩礼纠纷典型案例之二，最高人民法院 2025 年 2 月 28 日发布。

下旬，李某向王某表达交往意愿，并提出在共同生活和办理结婚登记之前王某要给其25万元，王某表示同意，双方遂建立恋爱关系。自2023年6月至2024年2月，李某多次以支付房屋租金、买首饰及其他生活消费为由，向王某索取12万余元。期间，双方一直异地生活，主要通过微信联络，李某主动与王某联系几乎均以索要钱款为目的，其余时间则以工作忙碌等为由拒接、忽视王某的电话，且其从未回赠过王某财物。因自2024年2月起李某拒接王某电话，对王某的领证提议采取推脱、逃避的态度，并多次表示"给够钱才领证"，双方产生隔阂，王某提起本案诉讼，请求李某返还所得钱款12万余元。李某抗辩称，王某在恋爱中自愿赠与的财物不应返还。

☞ **裁判结果**

审理法院认为，恋爱中的赠与是指男女双方为增进感情，主动、自愿赠与对方财物以表心意，且通常为互相赠与，若日后双方未结婚，赠与的财物一般无须返还。借婚姻索取财物则是一方为取得财物而与另一方建立恋爱关系、作出结婚承诺，给付一方通常是被迫而非自愿赠与财物。本案中，结合双方交往真实意图、给付财物态度、相处模式及感情状况等事实可以看出，李某对双方的感情持漠然态度，其与王某建立恋爱关系是为了利用王某对结婚的期待索要财物从而满足物质需求，李某的行为构成借婚姻索取财物。李某应将王某给付的钱款全部返还。故判令李某返还全部12万余元。

☞ **典型意义**

本案中，李某在此段关系中名为恋爱、实为索财，其仅在有物质需要时才与王某联系。同时，李某虽表示可以结婚，但明确表示"给够钱才领证"，索取财物意图明显。尽管李某索要的单笔款项价值不大，但不能将王某的赠与行为视为正常恋爱中的赠与，而是认定李某借婚姻索取财物，按照涉彩礼纠纷司法解释第二条规定，李某应全部返还。

十四、婚介机构以保证"闪婚"为名收取高额服务费，应结合合同履行情况返还部分费用
——林某诉某婚介公司服务合同纠纷案[①]

☞ 基本案情

某婚介公司的广告宣传中有提供"闪婚"服务等内容。2024年1月15日，该婚介公司向林某（男）发送了赵某的个人信息。2024年1月18日，林某与该婚介公司签订《（男方）婚姻介绍服务合同》后支付服务费17万元。2024年1月19日，林某与赵某登记结婚。后双方因发生矛盾，于2024年2月29日经法院调解离婚，赵某退还了彩礼。期间，双方未共同居住。林某遂提起本案诉讼，主张因服务合同目的无法实现，请求由婚介机构返还全部服务费17万元。

☞ 裁判结果

审理法院认为，婚介机构作为特殊的服务行业机构，应当秉承

[①] 案例来源：第二批人民法院涉彩礼纠纷典型案例之三，最高人民法院2025年2月28日发布。

诚实信用的服务理念为委托人提供服务，严格遵守行业规范，妥善履行合同义务。本案中，婚介机构在提供婚介服务过程中没有充分评估双方感情基础，未能妥当履行合同义务，反而以提供"闪婚"服务为名借机收取高额服务费。但考虑到婚介机构提供婚姻信息、陪同必然产生一定费用，林某对赵某缺乏了解就匆匆结婚，自身也存在过错，酌情考虑扣除2万元劳务费等合理费用，判令婚介公司返还服务费15万元。

☞ **典型意义**

现实生活中，婚介机构为未婚男女牵线搭桥，成就美好姻缘，本是好事，适当收取服务费亦不违反法律规定。但如利用未婚男女急于寻找佳偶的心理，以提供"闪婚"的中介服务为名收取高额服务费，则该行为违反了婚介服务的应有之义，与社会主义核心价值观相悖。"闪婚"当事人因婚前缺乏深入了解，感情基础不牢，容易"闪离"。在此情况下，当事人主张高额服务费应予返还的，人民法院可以结合婚介机构履行合同情况、当事人离婚原因等因素，认定具体返还金额。

十五、因彩礼给付方隐瞒自身重大疾病导致未办理结婚登记的，应考虑其过错情况对彩礼返还数额予以酌减
——吴某诉刘某婚约财产纠纷案[①]

☞ **基本案情**

2023年8月，吴某（男）与刘某举行订婚仪式，给付彩礼22.8万元。后因刘某发现吴某隐瞒患有重大疾病导致不能生育的情况，未再办理结婚登记。双方没有共同生活过。吴某遂提起本案诉讼，请求刘某返还全部彩礼22.8万元。

☞ **裁判结果**

审理法院认为，双方未办理结婚登记且未共同生活，符合法律规定的返还全部彩礼的法定情形，但因吴某向刘某隐瞒了自身存在重大疾病导致不能生育的情况，其对未办理结婚登记这一结果存在过错，应对返还彩礼数额予以酌减。经法院调解，刘某酌情向吴某返还彩礼20万元，吴某撤回起诉。

☞ **典型意义**

双方未办理结婚登记且未共同生活时，彩礼给付方要求返还全部彩礼的，人民法院一般应予支持。但本案中，双方未办理结婚登记系因吴某向刘某隐瞒其身患重大疾病导致，吴某存在过错，在处

---

① 案例来源：第二批人民法院涉彩礼纠纷典型案例之四，最高人民法院2025年2月28日发布。

理相关纠纷时应对该情形予以考虑。经人民法院调解，对刘某返还彩礼数额予以适当酌减，体现了对双方当事人利益的平等保护。

十六、苏某甲诉李某田等法定继承纠纷案[①]

☞ 典型意义

本案是适用民法典关于侄甥代位继承制度的典型案例。侄甥代位继承系民法典新设立的制度，符合我国民间传统，有利于保障财产在血缘家族内部的流转，减少产生遗产无人继承的状况，同时促进亲属关系的发展，引导人们重视亲属亲情，从而减少家族矛盾、促进社会和谐。本案中，审理法院还适用了遗产的酌给制度，即对继承人以外的对被继承人扶养较多的人适当分给遗产，体现了权利义务相一致原则，弘扬了积极妥善赡养老人的传统美德，充分体现了社会主义核心价值观的要求。

☞ 基本案情

被继承人苏某泉于2018年3月死亡，其父母和妻子均先于其死亡，生前未生育和收养子女。苏某泉的姐姐苏某乙先于苏某泉死亡，苏某泉无其他兄弟姐妹。苏某甲系苏某乙的养女。李某田是苏某泉堂姐的儿子，李某禾是李某田的儿子。苏某泉生前未立遗嘱，也未立遗赠扶养协议。上海市徐汇区华泾路某弄某号某室房屋的登记权利人为苏某泉、李某禾，共同共有。苏某泉的梅花牌手表1块

[①] 案例来源：人民法院贯彻实施民法典典型案例（第一批）之八，最高人民法院2022年2月25日发布。

及钻戒 1 枚由李某田保管中。苏某甲起诉请求，依法继承系争房屋中属于被继承人苏某泉的产权份额，及梅花牌手表 1 块和钻戒 1 枚。

☞ **裁判结果**

生效裁判认为，当事人一致确认苏某泉生前未立遗嘱，也未立遗赠扶养协议，故苏某泉的遗产应由其继承人按照法定继承办理。苏某甲系苏某泉姐姐苏某乙的养子女，在苏某乙先于苏某泉死亡且苏某泉的遗产无人继承又无人受遗赠的情况下，根据《最高人民法院关于适用〈中华人民共和国民法典〉时间效力的若干规定》（以下简称《时间效力规定》）第十四条，适用民法典第一千一百二十八条第二款和第三款的规定，苏某甲有权作为苏某泉的法定继承人继承苏某泉的遗产。另外，李某田与苏某泉长期共同居住，苏某泉生病在护理院期间的事宜由李某田负责处理，费用由李某田代为支付，苏某泉的丧葬事宜也由李某田操办，相较苏某甲，李某田对苏某泉尽了更多的扶养义务，故李某田作为继承人以外对被继承人扶养较多的人，可以分得适当遗产且可多于苏某甲。对于苏某泉名下系争房屋的产权份额和梅花牌手表 1 块及钻戒 1 枚，法院考虑到有利于生产生活、便于执行的原则，判归李某田所有并由李某田向苏某甲给付房屋折价款人民币 60 万元。

☞ **民法典条文指引**

第一千一百二十八条　被继承人的子女先于被继承人死亡的，由被继承人的子女的直系晚辈血亲代位继承。

被继承人的兄弟姐妹先于被继承人死亡的，由被继承人的兄弟姐妹的子女代位继承。

代位继承人一般只能继承被代位继承人有权继承的遗产份额。

十七、欧某士申请指定遗产管理人案[1]

☞ 典型意义

侨乡涉侨房产因年代久远、继承人散落海外往往析产确权困难，存在管养维护责任长期处于搁置或争议状态的窘境，不少历史风貌建筑因此而残破贬损。本案中，审理法院巧用民法典新创设的遗产管理人法律制度，创造性地在可查明的继承人中引入管养房屋方案"竞标"方式，让具有管养维护遗产房屋优势条件的部分继承人担任侨房遗产管理人，妥善解决了涉侨祖宅的管养维护问题，充分彰显了民法典以人为本、物尽其用的价值追求，为侨乡历史建筑的司法保护开创了一条全新路径。

☞ 基本案情

厦门市思明区某处房屋原业主为魏姜氏（19世纪生人）。魏姜氏育有三女一子，该四支继承人各自向下已经延嗣到第五代，但其中儿子一支无任何可查信息，幼女一支散落海外情况不明，仅长女和次女两支部分继承人居住在境内。因继承人无法穷尽查明，长女和次女两支继承人曾历经两代、长达十年的继承诉讼，仍未能顺利实现继承析产。民法典实施后，长女一支继承人以欧某士为代表提出，可由生活在境内的可查明信息的两支继承人共同管理祖宅；次女一支继承人则提出，遗产房屋不具有共同管理的条件，应由现实际居住在境内且别无住处的次女一支继承人中的陈某萍和陈某芬担

---

[1] 案例来源：人民法院贯彻实施民法典典型案例（第一批）之九，最高人民法院2022年2月25日发布。

任遗产管理人。

☞ **裁判结果**

生效裁判认为，魏姜氏遗产的多名继承人目前下落不明、信息不明，遗产房屋将在较长时间内不能明确所有权人，其管养维护责任可能长期无法得到有效落实，确有必要在析产分割条件成就前尽快依法确定管理责任人。而魏姜氏生前未留有遗嘱，未指定其遗嘱执行人或遗产管理人，在案各继承人之间就遗产管理问题又分歧巨大、未能协商达成一致意见，故当秉承最有利于遗产保护、管理、债权债务清理的原则，在综合考虑被继承人内心意愿、各继承人与被继承人亲疏远近关系、各继承人管理保护遗产的能力水平等方面因素，确定案涉遗产房屋的合适管理人。次女魏某燕一支在魏姜氏生前尽到主要赡养义务，与产权人关系较为亲近，且历代长期居住在遗产房屋内并曾主持危房改造，与遗产房屋有更深的历史情感联系，对周边人居环境更为熟悉，更有实际能力履行管养维护职责，更有能力清理遗产上可能存在的债权债务；长女魏某静一支可查后人现均居住漳州市，客观上无法对房屋尽到充分、周到的管养维护责任。故，由魏某静一支继承人跨市管理案涉遗产房屋暂不具备客观条件；魏某燕一支继承人能够协商支持由陈某萍、陈某芬共同管理案涉遗产房屋，符合遗产效用最大化原则。因此判决指定陈某萍、陈某芬为魏姜氏房屋的遗产管理人。

☞ **民法典条文指引**

第一千一百四十六条　对遗产管理人的确定有争议的，利害关系人可以向人民法院申请指定遗产管理人。

十八、刘某起与刘某海、刘某霞、刘某华遗嘱继承纠纷案[1]

☞ 典型意义

民法典顺应时代的变化，回应人民群众的新需要，将打印遗嘱新增规定为法定遗嘱形式。本案依据打印遗嘱规则，准确认定打印遗嘱的成立和生效要件，明确打印人的不同不影响打印遗嘱的认定。打印遗嘱应当有两个以上见证人在场见证，否则不符合法律规定的形式要件，应认定打印遗嘱无效。本案有利于推动打印遗嘱规则在司法实践中的正确适用，有利于践行民法典的新增亮点规定，对于依法维护老年人的遗嘱权益，保障继承权的行使具有重要意义。

☞ 基本案情

刘某海、刘某起系刘某与张某的子女。张某和刘某分别于2010年与2018年死亡。刘某起持有《遗嘱》一份，为打印件，加盖有立遗嘱人张某人名章和手印，另见证人处有律师祁某、陈某的署名文字。刘某起称该《遗嘱》系见证人根据张某意思在外打印。刘某起还提供视频录像对上述遗嘱订立过程予以佐证，但录像内容显示张某仅在一名见证人宣读遗嘱内容后，在该见证人协助下加盖人名章、捺手印。依刘某起申请，一审法院分别向两位见证人邮寄相关

---

[1] 案例来源：人民法院贯彻实施民法典典型案例（第二批）之十三，最高人民法院2023年1月12日发布。

出庭材料，一份被退回，一份虽被签收但见证人未出庭作证。刘某海亦持有打印《遗嘱》一份，主张为刘某的见证遗嘱，落款处签署有"刘某"姓名及日期"2013年12月11日"并捺印，另有见证律师李某、高某署名及日期。刘某订立遗嘱的过程有视频录像作为佐证。视频录像主要显示刘某在两名律师见证下签署了遗嘱。此外，作为见证人之一的律师高某出庭接受了质询，证明其与律师李某共同见证刘某订立遗嘱的过程。

☞ **裁判结果**

生效裁判认为，刘某起提交的《遗嘱》为打印形成，应认定为打印遗嘱而非代书遗嘱。在其他继承人对该遗嘱真实性有异议的情况下，刘某起提交的遗嘱上虽有两名见证人署名，但相应录像视频并未反映见证过程全貌，且录像视频仅显示一名见证人，经法院多次释明及向《遗嘱》记载的两位见证人邮寄出庭通知书，见证人均未出庭证实《遗嘱》真实性，据此对该份《遗嘱》的效力不予认定。刘某海提交的《遗嘱》符合打印遗嘱的形式要件，亦有证据证明见证人全程在场见证，应认定为有效。

☞ **民法典条文指引**

第一千一百三十六条 打印遗嘱应当有两个以上见证人在场见证。遗嘱人和见证人应当在遗嘱每一页签名，注明年、月、日。

十九、坚持和发展新时代"枫桥经验",实现案结事了人和
——王某诉赵某等法定继承纠纷案[①]

☞ 基本案情

被继承人赵某与王某系夫妻关系,共生育赵一、赵二、赵三。赵某与王某二人在某村建造房屋 11 间。2000 年,赵某去世,未留有遗嘱,赵某父母也早于赵某去世。2016 年,王某与当地人民政府房屋征收办公室签订房屋征收补偿预签协议,约定被征收房屋产权调换三套楼房及部分补偿款。王某于 2022 年收到回迁入住通知书。现王某与赵一、赵二、赵三就赵某的遗产继承事宜协商未果,诉于法院。各方对于赵某留有的遗产如何管理未有明确意见。

☞ 裁判情况

本案当事人除王某外,赵一、赵二、赵三均在国外生活。为妥善处理此案,审理法院前往村委会、房屋征收指挥部了解被继承人赵某的家庭成员情况、遗产范围及状况、遗产所涉债权债务等情况,并向当事人依法告知《中华人民共和国民法典》关于遗产管理人制度的规定,当事人均表示同意确定一名遗产管理人处理遗产继承事宜,并一致推选现居国内的王某作为遗产管理人。王某在审理法院引导下及时清理遗产并制作遗产清单,多次通过在线视频的方

---

① 案例来源:继承纠纷典型案例(第一批)之一,最高人民法院 2024 年 12 月 3 日发布。

式向其他继承人报告遗产情况。经析法明理耐心调和，各方当事人最终就遗产分割达成和解协议。

☞ **典型意义**

《中华人民共和国民法典》新增遗产管理人制度，规定了遗产管理人的选任、职责等内容。本案处理过程中，一方面，审理法院坚持和发展新时代"枫桥经验"，积极借助村委会、房屋征收指挥部的力量，全面了解遗产状况和继承人相关情况，为案件化解奠定了良好的基础。另一方面，审理法院充分发挥遗产管理人制度的作用，充分尊重当事人意愿，依法引导当事人推选出合适的继承人担任遗产管理人，并指导遗产管理人履行职责，得到了其他继承人的一致认可，是法定继承案件中适用遗产管理人制度的积极探索和有益尝试。最终，各方当事人达成和解协议，真正实现案结事了人和。

二十、被继承人没有第一顺序继承人，且兄弟姐妹先于被继承人死亡的，由兄弟姐妹的子女代位继承
——贾某一、张某诉贾某二、贾某三继承纠纷案[1]

☞ **基本案情**

2021年，贾某去世，无配偶，无子女。贾某的父母、祖父母、

---

[1] 案例来源：继承纠纷典型案例（第一批）之二，最高人民法院2024年12月3日发布。

外祖父母均先于其去世。贾某有贾某一、贾某二、贾某三、贾某四这四个兄弟姐妹。贾某四于2007年去世，生前育有一女张某。现贾某一、张某将贾某二、贾某三诉至法院，主张共同继承贾某名下房产，各享有25%的产权份额。

☞ 裁判情况

审理法院认为，被继承人贾某未留有遗嘱，生前无配偶及子女，父母均先于其死亡，无第一顺序继承人。第二顺序继承人中，祖父母、外祖父母均先于其去世，故应由其兄弟姐妹继承。贾某的妹妹贾某四先于贾某死亡，应由贾某四女儿张某代位继承。

同一顺序继承人继承遗产的份额，一般应当均等。对被继承人尽了主要扶养义务的继承人，分配遗产时，可以多分。本案中，贾某二、贾某三在贾某生前尽到了更多的扶养义务，在贾某去世后亦为其操办了丧葬事宜，依法应予适当多分。张某在诉讼中自愿将其应继承份额各半赠与贾某二、贾某三，系对自己权利的处分，依法予以准许。遂判决：诉争房屋由贾某一继承20%的产权份额，贾某二、贾某三各继承40%的产权份额。

☞ 典型意义

《中华人民共和国民法典》第一千一百二十八条第二款规定："被继承人的兄弟姐妹先于被继承人死亡的，由被继承人的兄弟姐妹的子女代位继承。"《中华人民共和国民法典》在原有被继承人子女的直系晚辈血亲代位继承的基础上新增被继承人兄弟姐妹的子女代位继承的规定，扩大了法定继承人的范围，可以保障财产在家族内部的传承，减少产生无人继承的情况，同时促进亲属关系的发展，鼓励亲属间养老育幼、相互扶助。同时，对尽了更多扶养义务的继承人适当多分遗产，以及张某在诉讼中自愿赠与继承份额的做法，不仅体现了权利义务相一致的原则，也有力弘扬了家庭成员间互相尊重、互相帮助、维护亲情的和谐家风。

二十一、村委会善意为老人送终，继承人感恩捐赠遗产
——秦某某与程某英等继承纠纷案①

☞ **基本案情**

程某与秦某某婚后生育程某英等四子一女。程某于2022年病故，因其子女均在外工作，村委会出资为其购置棺材等丧葬用品并办理了丧葬事宜。程某生前尚有存款人民币余额9万余元，其配偶秦某某与程某英等五个子女因继承权发生纠纷。

经当地村委会及镇综治中心、镇人民法庭共同组织调解，程某英等子女感谢村委会的帮扶，均愿意先将各自享有的遗产份额赠与秦某某，再由秦某某出面将遗产赠与村委会。经当地镇人民调解委员会主持，各方当事人就遗产份额赠与秦某某之意达成调解协议，后就调解协议共同向人民法院申请司法确认。司法确认后，秦某某将遗产赠与村委会，最终用于修缮当地道路，惠及本村友邻。

☞ **裁判情况**

审理法院认为，各方当事人达成的调解协议，符合司法确认调解协议的法定条件，遂裁定该调解协议有效，当事人应当按照调解

---

① 案例来源：继承纠纷典型案例（第一批）之三，最高人民法院2024年12月3日发布。

协议的约定自觉履行义务。

☞ **典型意义**

《中华人民共和国民法典》第一千一百三十二条规定"继承人应当本着互谅互让、和睦团结的精神,协商处理继承问题"。本案中,村委会作为基层自治组织,主动帮助子女不在身边的村民处理身后事;继承人感恩帮扶,最终一致决定将遗产捐赠,也是一种善意的传递,弘扬了社会主义核心价值观。同时,本案也是一起通过诉前调解和司法确认,多元化解继承纠纷的典型案例。人民法院从纠纷产生便主动参与调解,与当地基层自治组织、综治中心协力促成当事人间矛盾的化解,后又应当事人申请进行了司法确认,并见证了当事人将案涉遗产赠与村委会及村委会将遗产用于修缮当地道路,参与了纠纷处理的全过程,帮助当事人既解开了法结,又打开了心结,保全了珍贵的亲情。

二十二、农村土地承包经营权不能作为遗产继承,该户其他成员继续享有承包经营权
——农某一、凌某、农某二、农某三、农某四诉农某五法定继承纠纷案[①]

☞ **基本案情**

农某与凌某系夫妻,育有农某一、农某二、农某三、农某四。

[①] 案例来源:继承纠纷典型案例(第一批)之四,最高人民法院2024年12月3日发布。

农某五是农某与他人所生。农某五从小随农某与凌某生活长大。农某一、农某二、农某三、农某四已另成家立户。

2017年,农某作为承包方代表与其所在村民小组签订了《农村土地(耕地)承包合同(家庭承包方式)》。该合同的附件《农村土地承包经营权公示结果归户表》载明:承包地块总数为5块5亩,家庭成员共3人,成员姓名为农某、凌某、农某五。农某于2022年去世。农某去世后,凌某、农某一、农某二、农某三、农某四作为原告,将农某五诉至法院,要求由凌某继承农某名下土地承包经营权的50%,余下50%由凌某及农某一、农某二、农某三、农某四平均继承。

☞ **裁判情况**

审理法院认为,农某与村民小组签订的承包合同的权利人不只是农某本人,还包括凌某和农某五,三人同为一个承包主体。当农某去世后,承包地继续由承包户其他成员继续经营,体现的是国家"增人不增地、减人不减地"的土地承包政策。农某一、农某二、农某三、农某四不是农某承包户成员,无资格取得案涉土地的承包经营权。农某去世后,案涉土地应由承包户剩余的成员凌某、农某五继续经营。凌某、农某一、农某二、农某三、农某四诉请继承土地经营权的主张没有事实和法律依据,遂判决驳回五人的诉讼请求。

☞ **典型意义**

《中华人民共和国农村土地承包法》第十六条规定"家庭承包的承包方是本集体经济组织的农户。农户内家庭成员依法平等享有承包土地的各项权益"。农村土地承包经营权应以户为单位取得,在承包户的户主或某成员死亡后,其他成员在承包期内可以继续承包，故农村土地承包经营权不属于死者的遗产，不产生继承问题。本案对农村土地承包经营权的继承问题进行了处理，明确了裁判规则，为此类案件的审理提供了参考和借鉴。

二十三、扶养人尽到生养死葬义务，有权依据遗赠扶养协议取得遗产
——蔡某诉庞小某等遗赠扶养协议纠纷案[①]

☞ 基本案情

戴某与第一任丈夫生育庞小某，丈夫于1992年离世。与第二任丈夫蔡某于2017年离婚。2019年开始，戴某因身患多种疾病，长期卧床，需要人陪护照顾，求助庞小某，庞小某不顾不理，还表示不愿意负担母亲日后的治疗费用。戴某后与蔡某签订《协议书》，约定由蔡某作为扶养人，负责照顾戴某日后生活起居，支付医疗费并处理丧葬事宜，戴某去世之后，将其名下房屋赠与蔡某。

签订协议后，蔡某依约履行义务直至戴某离世。蔡某处理完戴某的丧葬事宜，依据《协议书》主张权利时，庞小某拒绝协助蔡某办理房屋变更登记事宜。蔡某遂将庞小某诉至法院，请求依法取得戴某名下房屋。

☞ 裁判情况

审理法院认为，戴某与蔡某签订的《协议书》性质上属于遗赠

[①] 案例来源：继承纠纷典型案例（第二批）之一，最高人民法院2024年12月12日发布。

扶养协议,是在见证人的见证下签订完成,系双方真实意思表示、合法有效。蔡某对戴某生前尽了扶养义务,在戴某死后也为其办理了殡葬等事宜,有权依据协议约定取得戴某名下房屋。庞小某作为戴某的儿子,在戴某患病情况下未履行赡养义务,在戴某去世后又主张按法定继承分配案涉房屋,其主张不能成立。遂判决蔡某受遗赠取得戴某名下房屋。

☞ **典型意义**

《中华人民共和国民法典》第一千一百五十八条规定"自然人可以与继承人以外的组织或者个人签订遗赠扶养协议。按照协议,该组织或者个人承担该自然人生养死葬的义务,享有受遗赠的权利"。遗赠扶养协议制度为人民群众提供了行为准则和价值引导,有利于保障老年人"老有所养,老有所依"。如果扶养人如约履行协议约定的生养死葬的义务,人民法院应当尊重当事人意思自治,对扶养人的合法权益予以保护。

二十四、遗嘱应当为缺乏劳动能力又没有生活来源的继承人保留必要遗产份额
—— 刘某与范小某遗嘱继承纠纷案[①]

☞ **基本案情**

范某与吉某原系夫妻关系,于1989年育有范小某,后二人离

---

① 案例来源:继承纠纷典型案例(第二批)之二,最高人民法院2024年12月12日发布。

婚，范某 2021 年与刘某再婚。范小某自 2006 年即患有肾病并于 2016 年开始透析治疗，2020 年出现脑出血。范某 2021 年 6 月订立自书遗嘱一份，载明："我所有的房产及家里的一切财产，待我百年后，由妻子刘某一人继承，产权归刘某一人所有。"

2021 年 11 月，范某去世。刘某诉至法院，要求按照遗嘱内容继承案涉房屋。诉讼中，范小某辩称其身患重病，丧失劳动能力，亦无生活来源，范某虽留有遗嘱，但该遗嘱未按照法律规定为其留有必要份额，故该遗嘱部分无效，其有权继承案涉房屋的部分份额。

☞ **裁判情况**

审理法院认为，范某在自书遗嘱中指定刘某为唯一继承人虽是其真实意思表示，但因范小某作为范某的法定继承人身患肾病多年，缺乏劳动能力又无生活来源，故应为其保留必要份额。结合案涉房屋价值和双方实际生活情况，酌定由刘某给付范小某房屋折价款。遂判决：案涉房屋由刘某继承，刘某给付范小某相应房屋折价款。

☞ **典型意义**

《中华人民共和国民法典》第一千一百四十一条规定："遗嘱应当为缺乏劳动能力又没有生活来源的继承人保留必要的遗产份额。"该条规定的必留份制度是对遗嘱自由的限制，旨在平衡遗嘱自由和法定继承人的利益，以求最大限度保护缺乏劳动能力又没有生活来源的继承人的生存权利。遗嘱人未为缺乏劳动能力又没有生活来源的继承人保留遗产份额的，遗产处理时，应当为该继承人留下必要的遗产，所剩余的部分，才可参照遗嘱确定的分配原则处理。本案裁判通过房屋折价补偿的方式，既保障了缺乏劳动能力又没有生活来源的范小某的权益,又尊重了范某遗嘱中财产由刘某继承的遗愿,实现了保护弱势群体权益和尊重遗嘱自由的有效平衡。

二十五、遗产酌给请求权人有权主张被继承人人身保险合同利益
——严某诉某保险公司人身保险合同纠纷案[①]

☞ 基本案情

徐某系某村集体经济组织成员,为残疾人。2020年3月,其所在的区残疾人联合会为其投保了团体人身意外伤害险,徐某为被保险人,限额5万元。保险期内,徐某因溺水死亡。

徐某生前主要由严某负责照料生活;死后,由严某料理后事。徐某无第一顺序和第二顺序继承人,所在集体经济组织向法院承诺放弃案涉保险合同下的权益,并和当地派出所共同出具书面说明,认可严某对徐某扶养较多。严某向法院起诉,请求保险公司给付保险金。

☞ 裁判情况

审理法院认为,案涉保险合同项下的保险利益为徐某遗产。徐某生前作为某村集体经济组织成员,无第一顺序和第二顺序继承人,所在村集体经济组织已书面承诺放弃案涉保险合同下的权益,

---

① 案例来源:继承纠纷典型案例(第二批)之三,最高人民法院2024年12月12日发布。

对徐某扶养较多的严某有权向某保险公司主张案涉保险合同项下的保险利益。遂判决：某保险公司于判决生效之日起十日内向严某给付保险金50000元。

☞ **典型意义**

根据《中华人民共和国保险法》第四十二条规定，人身保险被保险人死亡后，若没有指定受益人的，保险金作为被保险人的遗产，由保险人依照继承相关规定履行给付保险金的义务。本案中，徐某系人身保险的被保险人，没有指定受益人，故其死亡后，保险金应作为其遗产，由保险公司给付继承人。经过事实查明，徐某系"五保户"，无第一顺序和第二顺序继承人，所在集体经济组织又承诺放弃案涉保险合同权益，该种情形下，人民法院根据《中华人民共和国民法典》第一千一百三十一条"对继承人以外的依靠被继承人扶养的人，或者继承人以外的对被继承人扶养较多的人，可以分给适当的遗产"规定，认定严某属于可以分得适当遗产的人，并判决保险公司向其给付保险金，是对遗产酌给制度的适用。区别于继承制度较强的身份性特征，遗产酌给制度系通过法律规定对自愿进行扶养行为者赋予权利，倡导友善、互助的价值理念。本案裁判符合中华民族传统美德，有利于减少扶养人顾虑，鼓励在全社会形成养老爱老的良好社会氛围。

二十六、继承人不履行赡养义务，遗弃被继承人的，丧失继承权
——高某乙诉高小某法定继承纠纷案[①]

☞ **基本案情**

高某甲与高小某系父子关系，高小某为独生子女。1992年，高小某（时年20周岁）在与父母的一次争执之后离家出走，从此对父母不闻不问。母亲患病时其未照顾，去世时未奔丧。高某甲身患重病期间，做大手术，需要接送、看护和照顾，但高小某也未出现。高某甲有四个兄弟姐妹，分别为高某乙、高某丙、高某丁和高某戊。高某乙对高某甲夫妻照顾较多。

高某甲去世后，高某乙联系高小某处理高某甲的骨灰落葬事宜，高小某不予理睬，却以唯一法定继承人的身份，领取了高某甲名下部分银行存单。

高某乙起诉至法院，认为高小某遗弃高某甲，应丧失继承权，高某甲的遗产应由第二顺序继承人继承。高某丙、高某丁和高某戊均认可高小某应丧失继承权，并出具声明书表示放弃继承高某甲的遗产。

☞ **裁判情况**

审理法院认为，子女应当履行对老年人经济上供养、生活上照

[①] 案例来源：继承纠纷典型案例（第二批）之四，最高人民法院2024年12月12日发布。

料和精神上慰藉的赡养义务。继承人遗弃被继承人的，依法应丧失继承权。高小某自 1992 年离家后，三十余年来对被继承人不闻不问、置之不理。不仅未给予父母任何经济帮助，亦未有电话联系，没有任何经济和精神赡养，父母去世后，亦怠于对父母送终，对高某甲已经构成遗弃。遂判决：高某甲的遗产归高某乙继承所有；高小某在高某甲去世后自高某甲账户内所取款项归高某乙继承所有，高小某应于判决生效之日起十日内返还。

☞ **典型意义**

《中华人民共和国民法典》第一千一百二十五条规定"继承人有下列行为之一的，丧失继承权：（三）遗弃被继承人，或者虐待被继承人情节严重"。孝敬父母，是我国传统美德的重要组成部分。父母给予子女生命和关爱，当父母年老体衰时，子女对其进行赡养是应有之义。赡养义务不因父母有收入、身体状况良好而免除。本案中，高小某三十余年对父母没有任何赡养行为，法院认定其行为构成遗弃，并判决其丧失继承权，对其行为作出了否定性评价，彰显了法律对社会价值的正面引导，有利于弘扬中华民族孝亲敬老的传统美德。

二十七、落实意定监护 尊重老年人自主意愿
——卢某申请指定监护人案[①]

☞ 基本案情

老年人杨某与其配偶未生育子女。杨某的配偶去世后，杨某由配偶之侄卢某照顾。经过公证，杨某与卢某签订了意定监护协议。该协议约定，杨某在丧失民事行为能力时由卢某担任其监护人，管理杨某财产，安排其养老、就医等事宜。后来，杨某突发严重疾病，意识出现障碍。医院的诊断证明书载明杨某肾功能衰竭、心力衰竭；卢某提交的视频光盘显示，杨某已无法独立进行意思表示。经卢某自行委托鉴定，鉴定结论为杨某系重度失能人员。杨某户籍地社区居民委员会出具意见确认杨某意识不清醒，长期生活不能自理，同意卢某担任杨某的监护人。卢某向法院申请：认定杨某为无民事行为能力人并指定卢某担任其监护人。

☞ 裁判结果

审理法院认为，本案证据能够证明杨某已完全不能辨认和控制自身的行为，应认定杨某为无民事行为能力人。杨某与卢某签订的意定监护协议经过公证，为双方当事人真实意思表示，属合法有效。根据意定监护协议约定，结合杨某住所地居民委员会的意见，卢某担任杨某监护人的申请应予支持。最终判决：认定杨某为无民

[①] 案例来源：老年人权益保护典型案例之二，最高人民法院 2024 年 12 月 31 日发布。

事行为能力人;指定卢某担任杨某的监护人。

☞ **典型意义**

《中华人民共和国民法典》规定了意定监护制度,即具有完全民事行为能力的成年人,可以与他人协商后以书面形式确定他人担任自己的监护人,在自己丧失或者部分丧失民事行为能力时,由该监护人履行监护职责。意定监护制度有利于充分尊重老年人自主意愿,周延保障老年人权益。实践中,不少老年人对意定监护制度不了解、不熟悉,导致产生实际需求时无法享受此项权利,引发监护困境。本案中,人民法院按照老年人意愿,依法支持意定监护,彰显了意定监护法律制度的功能和价值,有利于社会公众积极认识、接受和用好用足意定监护,让晚年生活多一份保障。

二十八、受继父母抚养教育继子女应当给付养老生活费
——柳某诉延甲、延乙等赡养纠纷案[1]

☞ **基本案情**

柳某(女)与延某(男)于1979年登记结婚,延某为再婚。婚后,柳某同延某以及延某的5名未成年子女延甲、延乙、延丙、延丁、延戊共同生活。双方结婚时,延甲已满16周岁且以自己务

---

[1] 案例来源:老年人权益保护典型案例之四,最高人民法院2024年12月31日发布。

农为主要生活来源，延乙、延丙、延丁、延戊年幼，由柳某、延某共同抚养。2023年，延某去世，柳某也年过七旬，缺乏劳动能力，有一定的固定收入。柳某在养老问题上与5名继子女产生矛盾。柳某诉至法院，请求判令延甲、延乙、延丙、延丁、延戊每人每月给付生活费1000元。

☞ **裁判结果**

审理法院认为，柳某与延某结婚时，延甲虽不满18周岁，但已满16周岁并以自己的劳动收入为主要生活来源，柳某与延甲未形成抚养关系。延乙、延丙、延丁、延戊在成长中均受柳某的抚养教育，彼此间权利义务关系适用《中华人民共和国民法典》关于父母子女关系的规定。延某去世后，柳某已年过七旬，缺乏劳动能力，有权请求延乙、延丙、延丁、延戊给付一定的生活费。延乙、延丙、延丁、延戊家庭经济条件并不宽裕，应当综合考虑柳某和继子女的经济状况、柳某的实际需求等因素认定生活费金额。最终判决：延乙、延丙、延丁、延戊每人每月向柳某支付生活费100元。

☞ **典型意义**

随着老龄人口逐年增加，再婚重组家庭夫妻面临养老新问题。继父母在家庭中的付出与随着年龄增大而日益增强的养老需求之间的关系，影响到个人幸福、家庭和睦和社会和谐，需要准确把握和妥当处理。人民法院以继父母与继子女间是否形成长期稳定的抚养教育关系作为继子女是否应当给付继父母养老生活费的重要标准，符合法理和情理。本案中，人民法院认真调查案件事实，根据每名继子女的情况客观地做出认定和处理，有利于激励作为成年人的继父母关爱幼小，切实承担家庭责任，也有利于激励继子女孝老爱亲、相互扶持，推动亲情关系和谐美满。

图书在版编目（CIP）数据

中华人民共和国民法典婚姻家庭编继承编：问答普及版 / 中国法治出版社编. -- 北京：中国法治出版社，2025.4. -- ISBN 978-7-5216-4480-7

Ⅰ. D923.05

中国国家版本馆 CIP 数据核字第 2024CH5012 号

责任编辑：李宏伟　　　　　　　　　　　　　　封面设计：杨鑫宇

中华人民共和国民法典婚姻家庭编继承编：问答普及版
ZHONGHUA RENMIN GONGHEGUO MINFADIAN HUNYIN JIATINGBIAN JICHENGBIAN：
WENDA PUJIBAN

经销/新华书店
印刷/三河市国英印务有限公司
开本/880 毫米×1230 毫米　32 开　　　　　　印张/7　字数/144 千
版次/2025 年 4 月第 1 版　　　　　　　　　　2025 年 4 月第 1 次印刷

中国法治出版社出版
书号 ISBN 978-7-5216-4480-7　　　　　　　　定价：28.00 元

北京市西城区西便门西里甲 16 号西便门办公区
邮政编码：100053　　　　　　　　　　　　　传真：010-63141600
网址：http：//www.zgfzs.com　　　　　　　 编辑部电话：010-63141804
市场营销部电话：010-63141612　　　　　　　印务部电话：010-63141606

（如有印装质量问题，请与本社务部联系。）